NÃO SE ENROLA, NÃO

ISABELA FREITAS

NÃO SE ENROLA, NÃO

ISABELA FREITAS

Copyright © 2016 by Isabela Freitas

REVISÃO
Eduardo Carneiro
Nina Lua

CAPA E PROJETO GRÁFICO
Daniel Sansão / Contágio Criação

DIAGRAMAÇÃO
Julio Moreira

FOTO DA AUTORA
Paulo Vitale

CIP-BRASIL. CATALOGAÇÃO NA PUBLICAÇÃO.
SINDICATO NACIONAL DOS EDITORES DE LIVROS, RJ.

F936n
    Freitas, Isabela
        Não se enrola, não / Isabela Freitas. - 1. ed. - Rio de Janeiro : Intrínseca, 2016.
        ISBN 978-85-510-0086-1
        1. Relação homem - mulher. 2. Autorrealização (Psicologia). 3. Autoestima. I. Título.

16-35654   CDD: 155.2
                                CDU: 159.923

[2016]
Todos os direitos desta edição reservados à
Editora Intrínseca Ltda.
Rua Marquês de São Vicente, 99, 3º Andar
22451-041 – Gávea
Rio De Janeiro – Rj
Tel./Fax: (21) 3206-7400
www.intrinseca.com.br

Pedro Miller,
este livro não é dedicado a você.
Tudo bem, é, sim.

ÍNDICE

20 regras para não se enrolar — 9

prólogo — 13
Tudo aqui é intenso. Do amor ao desprezo, sempre sinto muito

capítulo 1 — 19
Se for complicar, nem vem. Isso já faço muito bem sozinha

capítulo 2 — 43
Você sabe que amadureceu quando tem preguiça de odiar as pessoas

capítulo 3 — 55
Dizem por aí que o passado não volta mais. Ainda bem

capítulo 4 — 71
Amiga de verdade vai com você até o fim do mundo só por diversão

capítulo 5 — 97
Muitos relacionamentos terminam no silêncio por medo de dizerem em voz alta seus sentimentos

capítulo 6 115
Existem pessoas que aparecem na nossa vida para nunca serem nossas

capítulo 7 129
Sou o tipo de pessoa que está sempre a um passo de jogar tudo para o alto

capítulo 8 153
Eu só queria alguém que ficasse. Estou cansada de pessoas que partem

capítulo 9 171
Não me acostumei a tê-lo. Parece que estou sempre perdendo você

capítulo 10 193
Por que segurar quem está implorando para ir? Não faz sentido

capítulo 11 205
Não deixe para lá quem você quer que fique para sempre

epílogo 215
Aos que duvidam de mim e me fazem querer ser cada vez melhor

20 regras para não se enrolar

1. Diga o que você sente. Esconder seus sentimentos é burrice, e às vezes tudo de que uma relação precisa para existir é um pouco de coragem.

2. Não se iluda. Nem todo mundo que sorri para você é alguém que mereça seu carinho. A carência a impulsiona a cometer loucuras.

3. Pare de tentar arrumar justificativas para as atitudes ruins da outra pessoa e encare a realidade como ela é. Às vezes, cruel.

4. Não insista quando o outro falar que não quer mais. Aceite. Ninguém está imune a levar um fora.

5. Não prometa o que não pode cumprir. Não alimente seu ego dando falsas esperanças para alguém que não fará parte do seu futuro.

6. Enxergue a pessoa como ela é, e não como você gostaria que ela fosse. Idealizar muito é o começo de uma grande decepção.

7. Misturar amor com amizade é uma combinação perigosa. Você pode se encantar mais do que gostaria.

8. Se tem DR não é amizade colorida, é rolo.

9. O passado só parece bonito quando já estamos no futuro. Já reparou nisso? Deixe o passado lá, quietinho. Ele não era tão bonito quanto parece nas suas lembranças, vai por mim.

10. Ninguém está acima de você. Lembre-se: no pódio das suas prioridades o primeiro lugar é seu. O segundo, também. O terceiro? Também.

11 Tentar parecer perfeito é estupidez. O mais incrível do amor é se encantar com os defeitos do outro e aprender a amá-los.

12 Você acha que só vai ser feliz quando encontrar a pessoa certa? Errado. Você só vai ser feliz quando parar de depositar suas chances de ser feliz nas mãos de outra pessoa.

13 Se entregue, sim. Qual o problema? Se a outra pessoa se assustar, bem, saiba que só os corajosos sabem amar.

14 Sua vida, suas vontades. Não se torne alguém que só recebe ordens.

15 Se apaixone várias vezes num só dia. Por você, por um hobby, por um livro, por um filme, por uma música, por pessoas. Você pertence ao mundo, não a alguém.

16 Você não esquece uma pessoa substituindo-a por outra. Você esquece seguindo em frente.

17 O amor pode não ter forças para acontecer hoje, agora. Mas se ele souber onde encontrar você, quem sabe daqui a um tempo?

18 Não se envergonhe por não saber nada sobre o amor. Ninguém sabe. A gente só gosta de sentir aquela sensação gostosa, que esquenta todo o nosso corpo e nos faz sorrir como crianças.

19 Se você precisa dar um gelo, sumir ou fazer algo para que a outra pessoa repare em você, tenho uma notícia: talvez essa pessoa não se importe tanto assim com você.

20 Se permita ser frágil. Ser a própria heroína do seu conto de fadas às vezes cansa.

PRÓLOGO

Tudo aqui é intenso. Do amor ao desprezo, sempre sinto muito

Qual o problema em ser uma mulher — mulher, mulher, sim — de 24 anos e, de repente, jogar tudo para o alto para tentar se tornar uma escritora que, hum, talvez faça sucesso? Nenhum. Se lesse uma reportagem sobre essa mulher numa revista, eu iria admirá-la. De verdade. É preciso muita coragem para deixar tudo aquilo que parece certo e seguir por um caminho nada a ver. Um caminho que parece ir, bem...

Para o brejo.

Fala sério! Que mulher corajosa!

Mulher de fibra, de garra mesmo. Quase uma revolucionária. Ela também não está num relacionamento sério. Deixa uma fila de homens por onde passa, faz com que eles sofram, sabe? É daquelas que sambam de salto alto no coração de quem um dia as fez sofrer.

Bonita, elegante, sempre com um sorriso misterioso nos lábios. Os homens nunca conseguem decifrar o que ela está pensando. Com meias palavras consegue o que quer. E, meus amigos, quando ela quer, consegue.

Ah...

Quem eu quero enganar?

Ela sou eu. Euzinha. E, como decidi ser escritora, por que não começar esta história dando uma caprichada em mim mesma? O problema é que acabei de olhar para trás e não existe fila de homens nenhuma por aqui. Há apenas cinco minutos, derramei mostarda na minha roupa e, quando fui limpar, esbarrei na bandeja do garçom, derrubando um prato de macarrão na pessoa na mesa ao lado. Saí um pouco sem graça do restaurante.

Nada de elegante. Nada de sorriso misterioso.

Mas rir de mim mesma... Ah, isso faço o tempo todo.

O legal de tomar caminhos errados é que a gente sempre pode parar e dizer: "Ei, por que você tá aqui mesmo? Você não é um robô! Assuma o controle da sua vida e mude. Mas mude agora mesmo." E adivinha? Você pode fazer isso a qualquer hora. Em qualquer idade. Não importa. Não existe momento certo para decidir o que é melhor para sua felicidade. E foi isto que fiz: decidi que o curso de direito não me faria feliz, pus um ponto-final nessa história e choquei a sociedade.

Por que a sociedade sempre se choca quando alguém não segue o curso "normal" da vida? Essa é a pergunta.

As amigas da minha mãe ficaram cheias de "Nossa, mas como ela vai sobreviver como escritora?", "Vai viver de livro? Mas isso não é um *hobby*?", "Ela decidiu ser escritora? Que legal! Mas qual é a profissão dela mesmo?", "Esse negócio de escrever pode não durar para sempre, né? É bom ter outras opções".

Fico triste, sabe? É como se artista não pudesse ser uma profissão. Como se fazer o que você ama fosse necessariamente um *hobby*, e não um trabalho. Deveria ser o contrário, entende? Todos deveriam fazer aquilo que amam. Não pelo dinheiro, pela estabilidade ou pela certeza de ter algo que será pela vida toda. Afinal, o que acontece com as pessoas para sempre quererem algo pela vida toda? Eu, hein! É amor eterno, é emprego estável... Cadê o espírito aventureiro?

Quando fazemos o que amamos, fazemos melhor. Colocamos nossa alma e nosso coração naquilo. O que é feito assim não tem como dar errado. Mas tudo bem, não preciso da opinião de ninguém para decidir o que é melhor para mim. O que importa é o apoio das pessoas que amo. Meus pais, de início, se assustaram um pouco. Ano passado não foi fácil. Quando resolvi criar um blog anônimo para expor minha vida — eu ia dizer sentimentos, mas quando expomos sentimentos não estamos expondo toda a nossa vida? —, não pensei nas consequências. Achei que ninguém ligaria para o que eu tinha a dizer, de verdade. Porque eu não tinha nada de mais para dizer. Sei lá, era só besteira mesmo. Porém, percebi que as pessoas gostam de sinceridade, de gente de verdade... Estão cansadas de mais do mesmo, de quem só quer aparentar ser certinho o tempo todo. E quem elas procuraram?

Isso mesmo, euzinha aqui.

Olha, se há uma coisa que faço bem é errar. E me ferrar. E fazer feio. E chorar. E me decepcionar. E errar mais um pouquinho. Ah, nisso sou mesmo a melhor.

Sem que eu percebesse, meu humilde blog, que era para ser um lugar de desabafos, ficou famoso. Não ficou famoso só no meu prédio — juro —, ficou famoso a ponto de ter acessos no Japão. Ficou famoso a ponto de pessoas me pararem na rua para dizer que torciam pelo fulano ou pelo sicrano — depois que expus minha identidade, óbvio. Então, graças ao sucesso do meu blog Garota em Preto e Branco, recebi o convite de uma grande editora para escrever meu primeiro livro. Depois, fui para São Paulo e pude começar a viver a vida dos meus sonhos.

Quer dizer.

Quase isso.

Isabela:
Adivinha quem está aqui e está um gato?
SÉRIO.

Amanda:
Ah, mentira! Já até sei. 😁
E aí? Vai rolar um flashback?! kkkkkkkk

Isabela:
Sou louca, mas só de vez em quando, né?
hahaha

CAPÍTULO 1
Se for complicar, nem vem. Isso já faço muito bem sozinha

Olho por cima do ombro e lá está ele. De terno, gravata, camisa branca, o cabelo com gel e os sapatos brilhando de tão limpos. Cumprimenta quem chega com um sorriso de orelha a orelha. Olha, não gosto de admitir, mas ele até que está bonitinho. Certo, ele está um gato. Ok, você venceu: ele está supergostoso. Levo uns três minutos para decidir se o cumprimento ou se me finjo de louca e saio na direção oposta, mesmo sabendo que ele é um dos anfitriões da festa.

Louca.

Sempre aposto na opção de ser louca.

Vou em direção ao bar. Afinal, o que fazemos quando não sabemos como agir numa festa? Se for homem, você coloca a mão no bolso e faz cara de intrigado. Mas se for mulher e não tiver um bolso, como eu, pode beber um drinque enquanto tenta parecer sexy com todo aquele lance do canudinho na boca, coisa e tal. Não que eu saiba ser sexy, porque, olha, não sei. Lembro a primeira vez que tentei seduzir alguém usando todo o meu potencial.

Era uma festa de quinze anos. Por que não tentar ser sexy enquanto olhava para o menino de quem estava a fim? Ia finalmente usar aquele olhar que tanto havia treinado no espelho. Pensei no que poderia fazer. Jogar o cabelo para o lado? Não, muito comum. Mordiscar a boca ao dançar? Eu não sabia se conseguiria ser tão ousada assim. Esbarrar nele sem querer? Achava que poderia ser mais criativa.

Tive a brilhante ideia de descer os degraus bem devagar, como uma princesa, olhando fixamente para o Fábio, o menino dos meus *sonhos* na época — é importante ressaltar que era na época, porque todo dia há um menino dos sonhos diferente, não é mesmo? —, que conversava com os amigos ao pé da escada.

Agora você deve estar imaginando: o que poderia dar errado? Devolvo a pergunta: o quê? O que, meu Deus, poderia dar errado naquele momento de triunfo na minha vida?

Enquanto eu descia os degraus com a mão no corrimão, num ritmo que eu imaginava ser o de câmera lenta, usando minha concentração para colocar no olhar todo o meu poder de sedução, escorreguei. Simplesmente escorreguei. Caí de pernas abertas e fui quicando degrau por degrau até o fim da escada, enquanto todos olhavam chocados para a minha calcinha, que estava à mostra. Qual é? Eu lá vou ter classe ao cair? Estava mais preocupada em não MORRER. Quando enfim cheguei ao chão — os segundos demoraram uma eternidade para passar, acredite —, percebi que uma das minhas sandálias tinha voado longe e acertado alguém. Quem? O Fábio. Claro que foi o Fábio. Ele estava segurando a sandália sem saber como reagir diante de...

Bem, diante de mim.

Eu estava toda descabelada, com a perna ralada, sangrando, o vestido rasgado até a altura da coxa, uma das sandálias no pé, a outra na mão dele, que não era príncipe coisa nenhuma e fazia uma força descomunal para não rir da minha cara. Acho que o golpe que ele levou na cara devia estar doendo. Bem feito! Pelo menos eu não era a única a se ferrar.

— Vem cá, deixa eu te ajudar a levantar — disse ele, estendendo a mão e me colocando de pé.

Eu quis morrer. Juro.

Esbocei um sorrisinho para as pessoas que estavam à minha volta para parecer descolada, sabe como é... Fiz um sinal de que estava tudo bem, igual a jogador de futebol quando recebe uma falta e levanta dizendo que não foi nada. Não foi nada. Nadinha. Ninguém precisava saber que aquela tinha sido uma tentativa frustrada de conquistar um garoto. Porque é assim que as coisas acontecem na minha vida. Existe outro jeito de conquistar alguém que não seja pagando mico, fazendo feio ou parecendo louca? Desconheço.

Aceitei há algum tempo que este é meu destino: ser meio esquisita.

Foco minha atenção no drinque em minhas mãos e tento procurar rostos familiares no meio da multidão. Droga! Acho que preciso frequentar mais as festas de família. Ou convencer meus pais a frequentarem as mesmas festas que eu, porque nesta sou a encarregada de representar nossa família. Argh. Logo eu?

Tipo, sério?

— Dormiu comigo? — diz uma voz rouca por trás de mim, e sinto um hálito quente na nuca.

Eu me viro devagarinho, sabendo quem vou encontrar e tentando não parecer tão culpada.

Igor Tullon. O próprio. O mesmo sujeito que eu estava tentando evitar há alguns minutos. Sabe como é... Tivemos *uma coisinha*. Algo básico mesmo. Num *beco*.

Pois é, Igor Tullon, dormi com você. Faz uns anos, mas dormi. Fazer o quê?

— Er, oi! Nossa, que terno bacana, hein? Largou a camisa xadrez, graças a D... Quero dizer, eram lindas, as suas camisas. Eu adorava. Quer dizer, adorava, tipo, *eu adorava em você*. Só as camisas mesmo. — "Isabela, pare de falar e balançar a cabeça que nem louca. Por favor, pare", digo para mim mesma. — Mas, hein, chega de falar de mim. Animado com o casamento da Lara? Quer dizer, o casamento já aconteceu. Que tonta, Isabela! É óbvio que você tá animado, afinal ela é sua irmã, coisa e tal. E, ah, me desculpe, cheguei um pouco atrasada e fiquei lá no fundo da igreja. Até tentei procurar vocês, mas estava tão cheio, né? Então eu, é... Fiquei lá atrás mesmo.

Escondida, mas ninguém precisa saber disso.

Ele me olha como se estivesse me vendo pela primeira vez. Para. Olha de novo.

Por fim, respira fundo e diz:

— Prima, você tá bem? Tá usando alguma coisa? Eu não sabia que você estava *nesse caminho*.

O quê? Usando alguma *coisa*? É claro que estou usando alguma coisa. Estou de calcinha, vestido e salto. Olho para baixo, conferindo se está tudo em cima. E, ufa, tudo ok. De que caminho ele está falando? Eu, hein! Menino louco.

Observo melhor a expressão dele, quase igual à que minha mãe fazia quando eu não entendia alguma coisa e ela tentava me explicar com toda a paciência. Como se eu tivesse algum problema.

Burra, burra, burra.

Ele achou que eu estivesse usando drogas.

Lógico.

— Tô ótima, Igor. Relaxa — tento parecer normal. Rá-Rá-Rá. Como se eu algum dia fosse conseguir isso.

— Tem certeza? Sabe, tenho amigos que passaram por *isso*. Não é fácil. Você fica elétrico, né, cara? Bizarro. — Ele coloca as mãos grandes no meu ombro. — Fica calma. Tô aqui com você, *priminha*. Pode confiar em mim pra tudo, sabe disso. Afinal, temos tanta *intimidade*... — diz, frisando a última palavra com um sorriso maldoso.

Penso nas minhas opções:

1) Fingir que de fato estou drogada, dizer que avistei duendes no fim do arco-íris e sair daqui o mais rápido possível.

2) Tentar explicar que não estou drogada, e sim fugindo dele desde o início da festa, porque esse é meu jeitinho fofo de ser e não sei muito bem dizer qual é meu problema em querer fugir das pessoas.

3) Rezar por um milagre para me tirar desta situação.

E é isto que faço.

Rezo.

Com um drinque na mão, verdade, mas rezo.

Fico quieta por alguns segundos dando um sorriso amarelo, pensando nas mãos dele, que neste momento parecem ter trinta quilos cada, ainda nos meus ombros.

Céus! Só quero sair daqui.

— Ah! Aí tá você, branquela. — Escuto a exclamação de uma voz familiar. — Procurei você por toda parte, mas é lógico que estava com *seu primo*. Por que não pensei nisso antes? — Registro a alfinetada. Ele se aproxima e logo me desvencilho do Igor e pulo para junto dele. — E aí, gente? Festa bonita, hein?

Pedro. Pedro Miller. Nunca fiquei tão feliz em ver aquele sorriso irônico.

— E aí, cara? — desconfio de que o Igor aprendeu a palavra "cara" há pouco tempo, pois a usa em excesso. — Como vai a vida? Não vi você na cerimônia. Chegou agora?

— É que tive que trabalhar mais cedo, não deu pra vir antes. — Ele me olha por alguns segundos, demonstrando empolgação. — Mas cheguei pra melhor parte, diz aí! Festão.

— A Lara sempre sonhou em se casar, né, cara? — De novo, cara, de novo. — Não poderia ser diferente. Por mim poderia ser um baile sertanejo que estava muito é "bão"!

Lógico que estaria bom. Estaria perfeito. Sua primeira dança seria ao som de "Camaro amarelo". Épico.

Pedro segura o riso, acena para meu primo no que acredito ser uma tentativa de cortar a conversa sem parecer muito grosseiro e se vira para mim:

— Isa, tá tudo bem? Você tá quieta demais — diz, arregalando os olhos azuis profundos.

— Eu tô ót... — começo a dizer, mas sou interrompida.

— Vish, ela tá assim desde que chegou. Tá meio *pancada*, saca? — diz ele para o Pedro, como se eu não estivesse ao lado deles ou não entendesse o que estão falando.

Ei! Não uso drogas!

— Pancada? É *mesmo*?

Pedro se diverte. Posso notar o sorriso que se abre na hora em que ele ouve meu primo dizer que estou pancada. Lógico que ele se diverte.

— Isabela, já não falei pra você não usar essas coisas? Quando você vai parar com isso? Não aguento mais, branquela. Vamos agora ao banheiro que você vai vomitar tudo.

Neste momento, quero matá-lo com o olhar. Sério. Igor olha assustado para nós dois, curioso com a situação.

— Anda. Não quero saber de teimosia. E nem vem fingir que você é uma borboleta de novo, porque hoje tô sem paciência pra suas gracinhas. Dá licença, Igor. Obrigado por cuidar dela — diz, com a maior cara de pau do mundo, e sai me arrastando junto.

Sinceramente, viu? E eu achando que ele iria fazer o papel de herói e me salvar. Mas não poderia ser diferente, porque é assim que ele é.

Pedro Miller não precisa ser apresentado, de verdade. Ele sempre causa uma impressão nas pessoas, seja boa ou ruim. O tipo de impressão que eu não conseguiria causar nem se quisesse (eu já quis, vamos nos lembrar da escada?). Sei disso porque, enquanto andamos pelo salão, as mulheres viram a cabeça para olhar para ele.

Talvez sejam os olhos azuis, que sempre parecem esconder alguma coisa. Ou o cabelo preto despenteado. Ou o sorriso de canto de boca. Ou os músculos escondidos debaixo do terno. Ou a forma de andar sem parecer preocupado em agradar a ninguém, como se nada mais no mundo importasse e ele se sentisse bem em relação a isso. Pffff.

Como se ele fosse grande coisa. Acho que elogiei demais. Deu para entender, né?

— Pedro. Peraí! Pra onde você tá me levando? As pessoas vão sentir minha falta na festa, você sabe — brinco, encarando seus olhos azuis pela primeira vez na noite.

Ele suspira e encosta os dedos no meu queixo:

— Ninguém sente mais sua falta do que eu — retruca ele, virando-se para continuar andando. — Vamos. Você vai gostar.

Se eu tivesse um coração, neste momento ele estaria sambando em grande estilo. Não é que eu não tenha um coração; é que ele dá saltos tão grandes que chego a desconfiar de que tenha saído de dentro de mim numa hora destas.

É sério. Bem sério. Odeio perder o controle da situação, mas, nos últimos tempos, isso tem acontecido com quase tudo na minha vida. Como agora, que estou com um sorriso besta no rosto e quem me visse teria a certeza de que estou, *sim*, usando drogas.

Drogas pesadas.

A festa de casamento da minha prima Lara acontece no sítio dos seus avós (pela outra parte da família, porque infelizmente não tenho um sítio tão bonito desses ao meu dispor, caso queira me casar) e parece saída de um filme de Hollywood. De verdade.

É engraçado porque a Lara nunca foi de ter namorado. Eu nem sabia que ela tinha um coração. Qual é? Ela parecia sempre estar acima de nós, sofredoras, que chorávamos por paixões de uma noite. Um belo dia, acordei e recebi uma ligação da minha prima dizendo que estava prestes a realizar o sonho de se casar. Ué? O que foi que perdi? Logo minha prima, que estava acima de nós, meros mortais com relacionamentos fracassados? Peraí... Minha prima *tinha* o sonho de se casar? Minha prima tinha um livro desde pequena com recortes de revistas de noivas? Quem era minha prima? Eu tinha sido enganada.

Essa era a Lara. Ela se amou para um dia poder amar alguém.

E agora ama.

Palmas para a Lara.

Nunca é uma boa ideia ter o amor como objetivo de vida. Sei lá, quero dizer, não sou uma pessoa amargurada ou nada parecido. Não mesmo, juro. Ok, talvez eu não seja mais tão doce quanto aquela menina de sete anos que usava muitas roupas cor-de-rosa e acreditava em príncipes. Nem tão graciosa quanto aquela outra, de dez, que tinha uma lancheira colorida e achava que o coleguinha de sala era seu herói por ajudá-la a espantar uma abelha. Muito menos tão ingênua quanto aquela de doze que achava que seu primeiro amor duraria para sempre e seu primeiro beijo seria inesquecível. Mas, ainda assim, sou fofa quando tenho que ser — o que ajuda muito, porque nos dias de hoje não precisamos ser fofas o tempo todo. Qual é? As pessoas estão apressadas. Mas sobre o que eu estava falando mesmo?

Ah, sobre o amor.

Já disse várias vezes que o amor move o mundo, e é verdade. Mas, quando falamos sobre o amor, logo vêm à cabeça algumas coisinhas que são levadas muito a sério, até demais: 1) achar o amor da vida, 2) casar-se com ele e 3) ser feliz para sempre.

É nisso que não acredito. Para começar, achar o amor da vida é muito fácil: basta se olhar no espelho. É isso mesmo. Você é o grande amor da sua vida, vai ser sempre sua grande paixão, seu grande motivo para acordar feliz todos os dias, acreditando que pode mudar todo o curso da própria história.

Existe algo melhor do que ser feliz apenas com a própria companhia? Não mesmo.

Em segundo lugar, casamento não é sinônimo de felicidade, *por favor*! Quem inventou isso? Entrou de branco, véu, grinalda, disse que aceita, pronto. Todos os seus problemas se foram. Agora é só felicidade. Aproveita, hein?! Como mágica.

O casamento é, sim, uma celebração muito linda do amor, mas sabemos também que é falho como tudo na vida. Não entendo comentários do tipo "Nossa, a Rita não se casou até hoje? Coitadinha". Coitadinha? A Rita pode ter outros objetivos. A Rita pode se amar tanto que não sobrou espaço para mais ninguém.

A Rita pode amar seu trabalho. A Rita pode amar a vida. A Rita *pode amar*, mesmo sem estar namorando ou casada.

O amor não precisa de rótulos para existir, não precisa ser algo que podemos tocar com as mãos, não precisa ser um status nas redes sociais, muito menos um metal que envolve os dedos. O amor não precisa ser declarado em voz alta, nem do toque, nem do cheiro. Às vezes, só de estar perto de uma pessoa sabemos quanto a amamos. O amor não precisa de um porquê, de uma justificativa. O amor existe, e é isso que o torna tão incrível.

A gente, porém, adora estragar aquilo que é bonito. Então inventamos regras, amarras; restringimos nossas opções a distância, dificuldade e idade. A verdade é que temos medo de amar. É claro que temos. Amar alguém é assustador. Pode dar errado. E se der errado, meu Deus? *VAI DAR ERRADO*. Melhor ir noutra direção. Bem melhor. Tenho que trabalhar. Estudar também. Estou numa fase da vida em que não posso me comprometer com mais nada. Minha mãe precisa de mim. Como posso amar nesse meio-tempo? Difícil. Ainda tenho que me alimentar, me exercitar, ter um tempo para minhas séries, meus livros e filmes... Fiz as contas aqui: vai ser impossível amar por agora. Passe mais tarde, viu? Se bem que mais tarde acho que vou estar ocupada, assim, só ocupada mesmo. Deixe para depois. Aviso, sem falta. A gente marca.

Imagine só deixar de viver um grande amor por medo da distância. Porque a prima da vizinha namorou um cara de outro país pela internet e não deu certo. Porque seu melhor amigo namorou a Flávia, que morava numa cidade próxima, e ela o traiu. Imagine conhecer alguém que é diferente de você e desistir logo de cara porque um casal de amigos brigava toda hora por incompatibilidades. Porque seus pais eram de signos opostos. Porque na novela o casal principal nunca conseguia concordar em nada. Dá trabalho demais, não é?

Quando as coisas ficaram desse jeito? Se o amor é difícil, é melhor deixar para lá? É melhor esperar um amor fácil, tranquilo, que não acelere o coração? Qual é! Isso tudo é medo de se entregar? De sentir saudade? De se machucar um pouquinho? O amor machuca. Pode ser tão intenso que dói ao mesmo tempo que faz de você a pessoa mais feliz do mundo. Dói porque amar demais dói mesmo. Qual é o problema disso?

Ah, só os fortes podem amar! Amor não é coisa para covardes.

E não sou covarde. Não mesmo. O que você está olhando? Eu arrisco. Arrisco mesmo. Desafio o impossível. Sou tipo uma vilã de filme de ação, só que uma vilã que chora de nervoso enquanto todo mundo briga. Ora, tenho medo de sangue, ok? E também odeio brigas. Que coisa mais baixa! Para que brigar?

O que importa é que arrisco, sim.

Não sei por que você está duvidando.

Chegamos a uma parte do sítio com pouca iluminação e que não foi usada para a festa por motivos óbvios. É uma espécie de horta, o lugar onde eles cultivam as verduras vendidas pela família. Por que diabos o Pedro me trouxe aqui? Mereço bem mais do que um punhado de nabos na terra.

É aí que escuto um barulho de água no meio da plantação. Dou uma olhada mais de perto e vejo uma fonte daquelas enormes de três andares, tão grande que a parte de baixo poderia muito bem ser usada como piscina.

Nossa! Deve ter sido muito bonita um dia. Hoje está abandonada, sem luz alguma iluminando a superfície. Mas as moedas dos pedidos feitos reluzem mesmo no escuro.

Tiro os pés das sandálias e os deixo descansarem um pouco. Será que as pessoas sabem quanto é difícil andar de salto num gramado, coisa e tal?

— Uau, uma fonte — provoco, dançando em volta dele com os sapatos nas mãos. — Incrível, tô fascinada.

O pior é que adoro fontes. Sempre faço um pedido quando ninguém mais está olhando. Ah, sei lá, né? A gente apela para todos os santos. Vai que o santo da fonte é dos bons. Nunca se sabe.

Ele sorri, eu continuo:

— Nem pra me trazer pro meio de um campo cheio de flores e roubar uma só pra mim...

Olho para ele, que tem os olhos em chamas.

— Você não gosta de ganhar flores porque diz que um buquê não passa de um monte de flores mortas. Você só gosta de admirá-las vivas, num jardim.

Ele dá uma piscadinha.

— Ah, droga. — Eu não gostava de ganhar flores. — Você sabe mesmo tudo de mim, né?

Eu me dou por vencida.

— Quase tudo. E você não pode reclamar, porque quando te encontrei você era uma drogada causando no meio da festa de família. — Ele coloca as mãos nos bolsos e franze a testa fingindo preocupação.

— Obrigada por isso, inclusive — digo, bufando. — Precisava ter feito aquilo? Pode deixar que eu mesma respondo: não. É óbvio que não. Mas você fez, porque tem alguma coisa aí dentro que diz: "Ei, por que não irritar a Isabela? Ah, só mais um pouquinho. Ela gosta, vai. Olha só como ela fica com vergonha quando faço isso. Olha lá a cara de besta dela." — Respiro e continuo. — E me passo por drogada pro Igor Tullon. E o Igor vai fazer o quê? Contar pra tia Carminha. Com certeza ele vai. E a tia Carminha vai fazer o quê? Bordar um pano de prato escrito DROGAS NÃO pra me dar no Natal. E o que vou fazer? Céus! Meus pais vão querer saber o porquê disso, né? Daí a tia Carminha vai contar tudo. Tudinho. Com o Igor ao fundo, com os braços cruzados, balançando a cabeça e a barbicha de bode em concordância. E vou ser INTERNADA. Não. Não. Não posso ser internada. Ainda tenho tantas coisas pra fazer... Meu livro! Meu trabalho! Encontrar um amor... Ah, encontrar o amor deixei pra lá. Mas queria lançar meu livro, pelo menos. Você sabe disso, idiota.

Pego fôlego e noto que falei por cinco minutos sem parar para respirar. O que foi mesmo que eu disse?

Pedro me olha admirado, como se estivesse vendo a coisa mais extraordinária do mundo.

Alô? Estou um tanto necessitada de consolo aqui neste momento.

— Você é incrível. Não me canso de repetir isso, sabia? — diz ele, com a cara mais lavada do mundo.

Inclino meu corpo para a direção oposta. Porque mulher quando está com raiva faz isso. E porque no fundo, bem no fundinho, essa última frase me deu vontade de sorrir, e não posso permitir que ele veja isso.

— Ah, vai, Isa. Nem foi tão ruim assim. A não ser que você ainda sinta algo por *ele*.

Essa última palavra é proferida com desprezo. Fico pensando se no fundo, bem lá no fundo, Pedro não tem ciúme do Igor. Ou de mim.

— É, poderia ser pior. Eu poderia estar numa mesa com a tia Carminha falando sobre tricô.

Ele se diverte com meu comentário e acende um cigarro. Não fuma, fica apenas observando, com interesse, como ele se consome em chamas.

— Parou de fumar? — pergunto, esperançosa.

— Ainda não, mas pretendo.

— O que falta pra que isso aconteça?

— Um estímulo.

Fico quieta. Estímulo? A vontade não basta?

Ele joga o cigarro no chão, pisa em cima e para um segundo. Paro também.

De longe escuto "Last Kiss", do Pearl Jam, cortar a noite.

— Adoro essa música, branquela. Vem cá, vamos dançar.

Eu me aconchego no seu peito, enquanto ele segura bem forte minha cintura. Parece que foi ontem que nos conhecemos, da mesma forma, igualzinho, com ele me chamando para dançar. Ficamos por um tempo dançando e rodopiando, como duas crianças felizes ao escutarem uma música pela primeira vez.

Só que nem tudo no *Filme da Isabela* é bonitinho, com o casal dançando todo fofo, coisa e tal.

De repente tropeço numa cenoura — acredite, essas coisas só acontecem comigo —, caio com as duas mãos em cima da fonte e tento me concentrar para me equilibrar e não cair dentro dela.

Já era.

Quando vejo, estou puxando Pedro para dentro da água também. Ele não resiste e entra na brincadeira comigo. Numa fração de segundo, ele me olha radiante. Raramente vejo algum brilho naqueles olhos. Enquanto penso em como são lindos quando brilham, Pedro me puxa pela nuca e me beija.

É, eu disse que meu jeito de conquistar os caras era fazendo feio.

Só que desta vez dá certo.

O livro de Isabela.doc

Livro de Isabela.doc

Uma coisa que a vida me ensinou é que não estamos predestinados a nada.

Infelizmente, ninguém veio ao mundo com o propósito de, lá no fim, receber uma recompensa deixada pelo acaso, ao contrário do que acontece no cinema e nos contos de fadas. Fica difícil acreditar que nosso destino será tão incrível quanto os filmes a que assistimos. É horrível acordar sabendo que o trajeto da nossa cama até o banheiro não vai ter uma trilha sonora alegre. É desesperador se apaixonar por alguém e ter que se preocupar se a pessoa vai corresponder ou não. É triste pensar que às vezes você pode ser a vilã da história de alguém.

É aquele velho clichê: toda história tem dois lados, e nenhum deles está certo. Ou errado. São apenas visões diferentes de uma mesma trama. Por isso, numa discussão, nunca tente impor sua opinião nem espere que a outra pessoa decida que você está certo. Quem discute porque quer sair como o certo discute em vão. Não há essa. Existem duas pessoas, com opiniões diferentes, tentando estabelecer um ponto em comum. E esse ponto em comum é muito mais simples do que parece. Se você fez algo que chateou alguém, mesmo que não tenha sido sua intenção, mesmo que considere um "exagero" alguém ter se chateado por "pouco", peça desculpas. Não pela sua atitude, mas pelo fato de que, com sua atitude, você magoou uma pessoa de que gosta.

Quantas vezes fiz burrada, errei feio e me neguei a pedir desculpas porque queria sair como a certa da história? Quantas vezes magoei alguém e não pedi desculpas por achar que a atitude do outro era exagerada? O que ganhei com isso? Nada. Apenas perdi pessoas de quem gostava muito. Pessoas que foram levadas pelo tempo. Se firo alguém, nada mais justo do que pedir desculpas pelos danos. Isso se chama maturidade. Difícil de alcançar, hein?

A gente, porém, chega lá.

Sim, já fiz de tudo: fui mocinha indefesa, vilã insuportável, monstro do lago Ness e — por que não? — também bruxa invejosa. Cada dia sou uma. Não vim para este mundo com nenhum propósito, a não ser errar e aprender com meus erros. E aceitar que às vezes as lições serão tão dolorosas a ponto de duvidarmos de quem de fato somos. A ponto de duvidarmos de que somos realmente necessários para aqueles que estão à nossa volta.

Vou contar um segredinho: *você é importante*. Todo mundo é importante, pois cada pessoa que passa

Livro de Isabela.doc

pela sua vida fez e formou sua personalidade, sua história.

Do canalha ao amor da sua vida, todos foram essenciais.

Com o primeiro joelho ralado você aprendeu que um abraço de mãe pode acalmar qualquer tempestade. Com o primeiro dia no colégio, aprendeu que todo mundo tem medo de não ser legal o suficiente, de não fazer amigos, e que tudo isso pode melhorar com um sorriso de cumplicidade para a pessoa ao seu lado. Com a primeira decepção amorosa, aprendeu que chorar com o rosto abafado no travesseiro é melhor, pois ninguém ouve seus lamentos. Com a primeira recuperação no colégio, aprendeu que, se estudar bastante, pode ir bem numa prova de física. Com a primeira briga com a melhor amiga, aprendeu que amizades são essenciais e que as pequenas felicidades do nosso dia a dia não têm graça nenhuma se não forem compartilhadas com quem amamos. Com a primeira morte na família, descobriu que é muito fácil ter pessoas ao seu redor nas horas boas, mas que, nas ruins, poucos e bons estarão ali para confortá-lo, e que a família sempre vai ser seu maior refúgio, apesar de tudo. Com sua primeira conquista, aprendeu que pode não estar predestinado a nada, e que isso é mais um motivo para lutar pelo que acredita. Qualquer um pode vencer. Basta parar de deixar tudo nas mãos do destino e entender que só depende de você.

    Sempre dependeu de você.

Isabela:
O que fazer quando não te levam a sério?

Pedro:
Oi? Quem não está te levando a sério, branquela?

Isabela:
Ninguém me leva a sério.

Pedro
Você que se leva a sério demais. =)

CAPÍTULO 2
Você sabe que amadureceu quando tem preguiça de odiar as pessoas

Olho para o computador à minha frente e tento me concentrar no texto que precisa ser entregue até o fim do dia e que não faço a mínima ideia de como começar. Eu já disse que não trabalho bem com prazos? Pois então.

Não tenho certeza, mas parece que tudo começou quando eu ainda estava na barriga da minha mãe. Cheguei ao mundo um dia depois do previsto pelo médico. Devo ter pensado: "Por que não continuar atrasando tudo na minha vida?"

De lá para cá, tenho deixado tudo para depois. Para daqui a pouco. Para semana que vem. Mês que vem. Vai saber? Quando eu me der conta, lá terá ido toda a minha vida e não terei feito nem metade das coisas que gostaria. Parece exagero comparar um simples texto com uma vida inteira, mas é isso que acontece se acumularmos coisinhas pequenas que deixamos de fazer.

Ontem, antes de dormir, assisti a *Sim, senhor*, um filme com Jim Carrey no elenco. O personagem principal era um cara que sempre deixava as coisas para depois, recusava convites para sair de casa, evitava as pessoas, tinha medo de amar, de se entregar, de mudar. Não sabia viver. Então acontece uma reviravolta em sua vida: ele passa a dizer "sim" para todas as oportunidades que aparecem. No primeiro dia, dá carona a um sem-teto, deixa que ele use seu celular para fazer algumas ligações (e acabe com a bateria) e lhe dá todo o seu dinheiro. Quando deixa o sem-teto no destino — um arbusto num parque, juro —, fica sem gasolina e lembra que 1) está sem dinheiro para pegar um táxi e 2) sem bateria para ligar para alguém. Resolve andar até um posto de gasolina e, lá, conhece uma garota. Não preciso dizer mais nada, né? Acho que dá para imaginar o que acontece depois disso.

Não estou recomendando que você dê carona a desconhecidos. Qual é? Nossa vida não é um filme em que as pessoas só querem uma carona e não planejam nos sequestrar e colocar num porão escuro. (Ok, admito, fui um pouco longe demais.)

Temos, porém, que abraçar oportunidades. Não importa se são boas ou ruins. O que quero dizer é que precisamos abraçar oportunidades de viver. Temos que parar de escapar pela saída de emergência. Deixar de besteira e aceitar aquele convite para jantar que não parece tão legal assim. Entregar-se sem medo de que a pessoa não ligue no dia seguinte. Beijar um estranho só pelo prazer inenarrável de talvez sentir um frio na barriga sem explicação. Chegar ao aeroporto e pedir uma passagem para o próximo avião sem saber o destino. Por que temos medo daquilo que é incerto? Daquilo de que não se sabe o fim? Confesso, tenho medo também.

Sou igual a todo mundo.

Tenho pavor de festa de aniversário surpresa porque, se não me avisarem, não vou ter tempo para planejar a roupa e provavelmente estarei de moletom e camiseta G, que é meu modelito oficial para ir à padaria. Digo o mesmo em relação ao Dia dos

Namorados porque nunca sei o que comprar com medo de 1) não ganhar algo do nível que comprei e ficar desapontada e chateada por ter investido tanta grana no presente, ou 2) ganhar algo melhor do que comprei e ficar me sentindo mal com o presente que dei. Ah, existe também o lance de primeiros encontros. Não há nada que eu odeie mais do que primeiros encontros. Afinal, você não sabe o que vai acontecer. Mesmo que ensaie várias vezes em frente ao espelho, nunca será igual.

Ninguém avisou à outra pessoa que já escrevi um roteiro na minha mente?

Pois é. Não.

Temos, porém, que parar com essa mania de querer controlar tudo, prever tudo, ler o fim do livro só para nos assegurarmos de que, sim, vai acabar bem. O que ninguém nos contou é que os finais felizes não existem.

Somos felizes no meio disso tudo.

Antes do fim.

Dou uma espiadela por cima da minha estação de trabalho e noto que o aquário do senhor Bigodes ainda está vazio. Ufa! Ele ainda não voltou do almoço, ou seja, tenho uns minutinhos antes que ele possa notar que estou jogando Paciência no computador. Ah, não, por favor, não se confunda. O senhor Bigodes não é um gato que mora num aquário — quem me dera. Aquário é o nome carinhoso que as pessoas dão para a sala de vidro do nosso editor-chefe, bem no meio da redação onde trabalho. E ele tem um bigode imenso, como dá para reparar pelo apelido.

Há pouco menos de um mês resolvi me mudar para São Paulo. Recebi uma proposta para trabalhar como colunista de relacionamentos (ui, ui) no portal de notícias de uma das revistas mais famosas do Brasil, a *Zureta*. Passei por um turbilhão de sentimentos diferentes antes de tomar uma decisão definitiva. "São Paulo? Eu? Até parece! Deixa pra próxima, viu?" Ensaiei antes de enviar o e-mail. Droga! Eu não queria mandar aquele e-mail. "Será que morar sozinha em São Paulo seria tão ruim assim?" Seria ótimo, na verdade. Eu teria enfim minha tão sonhada independência, sem contar com o fato de sempre ter me imaginado morando na Cidade Cinza. "Acho que posso considerar essa possibilidade." Posso considerar? Considerar? Querida, você planejou até a roupa que vai usar no primeiro dia de trabalho. Você já pensou. Você quer. "Talvez eu queira. E agora? Não posso querer isso. Não é o certo." E existe isso de certo ou errado? Por favor, né? Passamos dessa fase.

Fazia algum tempo que eu havia me tornado uma pessoa capaz de segurar as rédeas da própria vida com as duas mãos, sem sentir o peso de cada decisão tomada. Bem, isso leva um tempo. Mas um dia você percebe que é mais forte do que aparenta e que decidir entre uma coisa ou outra não é um bicho de sete cabeças. Decidir algo é o oposto disso. É se livrar de um fardo, de uma dúvida, e dizer a si mesmo em voz alta qual é a sua vontade. Mostrar ao mundo quem você é. Sem esconder nadinha.

A faculdade de direito me fez feliz por um tempo, sabe? Não posso dizer que fui forçada pelos meus pais a escolher esse curso, pois eles sempre apoiaram minhas decisões, mesmo as piores delas, como alguns relacionamentos que tive. É que desde que nasci fui levada a acreditar que alguns sonhos são impossíveis e que devemos pensar com os dois pés no chão. Ir pelo caminho razoável. Pelo caminho mais fácil. O que pensei? Gosto de ler, escrever e argumentar, e, além disso, tenho que ganhar dinheiro. Tenho que ganhar dinheiro ou ser feliz? Fica a dúvida. Diante de tudo isso, foi fácil escolher meu curso.

Nos primeiros semestres eu só tirava notão. Queria mostrar que era muito mais do que aquela rebelde sem causa que não estudava no ensino médio. Porém, tudo mudou no ano passado. Para ser mais específica, quando criei meu blog. Logo percebi que, se existe um destino na vida de cada pessoa, o meu era aquele.

Escrever.

Era hora de dizer a verdade depois de tanto tempo acreditando numa mentira que eu mesma havia inventado. Não estava satisfeita e precisava urgentemente ir atrás do que me faria feliz.

Decidi ir em frente. Disse a meus pais que me mudaria para São Paulo para trabalhar na *Zureta*. Ao mesmo tempo, escreveria meu primeiro livro. Seria muito difícil conciliar. Afinal, era a primeira vez que eu tentava escrever um livro, e escrever um livro é muito mais do que escrever um post no blog. No entanto, eu não podia passar o dia escrevendo dentro de casa, com um monte de contas para pagar. Muito menos pedir aos meus pais que me "ajudassem" a ser independente aos 24 anos. Eu estava disposta a assumir todo o controle da minha vida, mesmo que isso significasse passar a fazer contas antes de comprar um Trident. (É caro esse chiclete, viu?)

Depois de tanto chorar por amor, percebi que chorar pelo carinha que não nos quis nem se compara à dor de se despedir das pessoas que amamos.

Nossa família.

Chorei tanto no dia que fui embora de Juiz de Fora que devo ter chocado um pouco as pessoas na rodoviária. E também os passageiros do ônibus que peguei. Fazer o quê?

Às coisas boas devemos nos apegar. Com força. E, quando a vida dá rumos diferentes a pessoas que se amam, deparamos com despedidas. E, você sabe, despedidas nunca são fáceis.

— E aí, qual o tema da coluna de hoje? — Bruno coloca as mãos nos meus ombros e dá um sorriso empolgado.

Bruno é um carinha legal que também trabalha aqui na revista. Ele escreve a coluna de gastronomia e é a pessoa mais feliz que conheço. Nunca vi alguém se empolgar tanto ao ensinar uma receita de empadão de frango. Sério. E, certo, gosto dele porque ele foi a única pessoa que me recebeu bem em toda a redação.

Acontece que, por ter um blog com algum reconhecimento, fui convidada para este emprego. E todos os outros funcionários só conseguiram chegar até aqui depois de um longo processo de seleção, quase sempre precedido por uma faculdade de jornalismo ou outro curso universitário. Coisa que euzinha não completei.

Sou apenas uma louca que gosta de dar opinião por aí.

— Uma viúva que jura que seu finado marido reencarnou no seu gato — respondo.

Tento parecer séria, porque, é óbvio, ninguém vai acreditar que estou escrevendo uma história dessas. Mas é exatamente o que estou fazendo.

— Tá brincando? — Ele dá uma risada nervosa, duvidando de mim.

— Gosto de histórias assim. Quem quer ler sobre o cara que traía a mulher com a vizinha? Normal demais. — Tento parecer desencanada.

O pior é que, depois de três semanas, estou gostando mesmo de trabalhar aqui, ou estou aprendendo a gostar. Apesar de a minha editora parecer determinada a me fazer pedir demissão desde que pus os pés aqui dentro.

Não me pergunte o porquê. Até tentei ser simpática, elogiar o cabelo, saber de onde eram as roupas dela, coisa e tal. Aquele lance que costuma funcionar entre nós, mulheres. Mas eu percebia que, cada vez que eu dirigia uma palavra a ela, seu corpo se retorcia como o da menina do *Exorcista*, por isso deixei para lá.

Karen. Esse é o nome da fera. Deve estar na casa dos trinta, não é muito mais velha do que eu. Presumo que, para ter se tornado uma editora tão nova, deva ser de fato boa. Usa sempre o cabelo preso num coque e se esconde atrás de roupas que em nada valorizam seu corpo — que parece muito bonito, por sinal. Diferente da Marina, minha "inimiga" — é legal chamar aquela menina que não gostamos de "inimiga", mas só para deixar claro que acho que isso é se importar demais com quem não merece importância alguma —, que andava quase nua exibindo toda a sua beleza e o seu corpo escultural, Karen parece me julgar o tempo todo. E odeio isso. É como se ela achasse que sou uma tola e se divertisse ao observar todo o meu esforço para demonstrar o contrário.

— A Karen não te dá descanso, né?

Bruno ajeita os óculos e me olha um pouco sem jeito. Ele sabe. Todo mundo sabe que essa mulher me odeia. Droga! E eu achando que, ao sair de Juiz de Fora, tinha deixado a Marina para trás. Mas não. Sempre vai haver uma Marina na nossa vida. Sempre.

— Ah, droga! Achei que isso fosse passar despercebido. Então, me conta... Todo mundo sabe que ela me odeia? Ai, meu Deus do ceuzinho! Preciso deste emprego pra me manter em São Paulo, não quero fazer nada de errado justo quando acabei de me mudar pra cá. O que posso fazer pra ela gostar de mim? Eu só queria umas pautas melhores. Só isso, Bruno. Não aguento mais escrever histórias sem pés nem cabeça como se entendesse do assunto. Ela faz de propósito. Será que ela acha que não percebo? Quando apresento as histórias que recebo por e-mail, ela sempre me vem com uma folha avulsa que ela mesma "recebeu" e pede que eu responda à dela, que parece ser muito mais interessante pro portal da revista.

Ufa, desabafei. Não sei se posso confiar nele. Mas ele escreve sobre gastronomia, portanto deve ser uma pessoa fofa. Pessoas que gostam de cozinhar costumam ser fofas. Nunca vi uma vilã preparar um bom almoço.

Bruno me olha assustado com o desabafo. Ele não diz nada e por uns segundos penso: "Tô ferrada mesmo. Nem meu amigo gente boa do trabalho consegue me ajudar". Mas, em seguida, ele me arrasta para sua estação de trabalho e tira algo da gaveta.

É um caderno. Ok. Isso deveria me tranquilizar de alguma forma? Alô? Estamos passando por uma crise aqui! Será que não é melhor ir direto ao ponto?

Ele abre o caderno. E aí você deve estar imaginando algumas hipóteses: 1) lá dentro está o segredo para se dar bem na vida, 2) esse é um caderno recheado de podres da Karen que eu poderia usar para chantagem ou 3) é um *death note*, um caderno da morte, no qual você escreve o nome da pessoa e, passados alguns segundos, ela morre misteriosamente por ataque cardíaco. Ok, assisto a animes demais. Mas não.

É só um caderno cheio de rabiscos. Sem brincadeira. Todo rabiscado, de cima a baixo, em todas as páginas. Tudo bem, valeu mesmo. Agora estou bem melhor, juro. Bruno, você deveria escrever livros de autoajuda.

— Sabe esse caderno? — diz ele, e tento prestar atenção, meio descrente. — Toda vez que alguém me tirava do sério aqui no trabalho, eu rabiscava até a raiva passar. Era a única forma que eu tinha de extravasar, pois, como você mesma disse, preciso do emprego. Sei que pode parecer besteira, mas me ajudou muito. Todo mundo começa por baixo, tem que ouvir uns insultos, e é assim mesmo. Você não pode ceder à pressão. — Ele faz um joinha com as duas mãos e abre um sorriso largo. — Agora, vamos lá escrever sua coluna que tenho certeza de que você vai achar uma resposta bem-humorada para aquele problema.

O Bruno às vezes me lembra a Amanda: sempre com uma sabedoria muito superior à que nós, pessoas comuns, temos.

Amanda Akira é minha melhor amiga, meio japonesa, meio brasileira, que, caramba, faz muita falta no meu dia a dia! Infelizmente, ela ficou em Juiz de Fora, minha cidade natal, pois pretende ir até o fim no curso de direito. Não que isso seja o sonho dela, porque o sonho de Amanda Akira também é, como tudo em sua vida, acima de qualquer coisa que possamos conceber. Ela gosta de programação e quer ser uma criadora de jogos de RPG indies. Não me pergunte o que são; conheço apenas Chrono Trigger e olhe lá. Mas, pelo que sei da minha amiga, um dia ela vai conseguir o que quiser, e deixei bem claro que no meu apartamento tem um espacinho reservado só para ela no meu sofá.

Depois de passar um dia estressante no trabalho e conseguir finalmente escrever a tal coluna sobre a viúva e o gato, abro as portas do meu apartamento e jogo as chaves na mesinha que fica ao lado da porta.

Olho para o sofá, ansiosa, à sua procura. Lá estava ele. Como sempre.

— Branquela! Demorou, hein? Como foi seu dia hoje? — Eu o observo jogado no sofá. — Vai ficar aí me olhando ou vai me dar um beijo? — Sinto um friozinho no estômago.

Ah, esqueci de dizer: Pedro Miller também se mudou para São Paulo.

E meio que estamos juntos.

Pedro:
Para de mandar mensagem para a Isa no meio do filme.

Amanda:
Eu? Kkkk. Deve ser algum namoradinho dela. Não sou eu que estou mandando mensagem.

Pedro:
Estou vendo seu nome, Amanda.

Amanda:
Hum... Ciumento, hein?! Quem diria, Pedro Miller?

Pedro:
Ciúme? Ahn? Haha. Doida.

CAPÍTULO 3
Dizem por aí que o passado não volta mais. Ainda bem

Não, não e não. Não estamos namorando, muito menos morando juntos. Pedro Miller, o cara que não acredita no amor, não se tornou de repente o homem da minha vida. Pffff. Como se existisse o homem da minha vida.

Ou o homem da vida de alguém.

Sei que é cruel demais dizer isso, mas não acredito nessa de alma gêmea. Seria legal? Seria. Se eu queria ter uma alma gêmea? Sim. Não desperdiço nenhuma oportunidade de me iludir ou de ser trouxa vez ou outra. Se eu queria não ter que me preocupar em encontrar alguém legal e bacana para dividir minha vida? Ô! Mas infelizmente aqui é vida real. Contas para pagar, pessoas de carne e osso por quem você acaba se apaixonando sem saber direito o motivo, porque de alma gêmea elas não têm nada.

Pedro está deitado no meu sofá sem camisa, com as mãos atrás da cabeça. A calça jeans folgada deixa sua cueca um pouco à mostra. Até aí, tudo bem. Tudo bem mesmo.

O problema é o tênis em cima do meu sofá.

Minha alma gêmea não faria isso, com toda a sinceridade. Mereço mais.

— Sabia que você tem o seu apartamento? Fica do outro lado do corredor.

Ele ri como se eu tivesse contado uma piada superengraçada. Gargalha mesmo.

Céus! Não sou respeitada nem na minha própria casa. Certo, não é bem uma casa. É uma quitinete. E muito menos minha. É alugada. Mas deu para entender.

— Branquela! Até quando você vai fingir que não gosta de chegar do trabalho e me ver deitado aqui?

Penso por alguns segundos antes de responder. Até quando? Até quando eu conseguir fingir, querido. É um saco quando ele tem que fazer show à noite. Mas ele precisa saber disso? Não, não precisa.

— Humpf — resmungo, fingindo procurar algo na geladeira para beber. Foco, Isabela, foco. Vamos lá, dê uma resposta desapegada. Acredito em você, menina. — Se gosto? Não. Você fica de tênis em cima do meu sofá, deixa suas roupas jogadas pela casa, traz cerveja pra minha geladeira. Cerveja, Pê. Odeio cerveja. — Ele se levanta e vem na minha direção. — Você bagunça a minha cama, meu banheiro, meu computador, minha...

Sou interrompida. Ele me puxa para perto de si, encosta seu corpo no meu e solta um suspiro que parece durar uma eternidade.

— Bagunço mais o quê? Sua vida? Para de draminha, vai...

Ele dá aquele sorriso de canto de boca.

E eu cedo.

Nosso beijo é cadenciado, quase ensaiado. Começa devagar e vai irradiando energia para todos os poros. Como se estivesse aquecendo uma pedra de gelo, pouco a pouco. Quando vejo, já me derreti toda. E o ritmo acelera, fazendo com que eu perca a noção de quanto tempo passamos ali, descobrindo um ao outro.

Não posso dizer que morar em São Paulo seja de todo ruim. Tudo bem que a maior burrada da minha vida talvez tenha sido deixar nas mãos do Pedro a tarefa árdua de escolher onde iríamos morar. Sim, no plural, onde iríamos morar. É que meus pais insistem em se preocupar comigo, mesmo com 24 anos — depois que joguei cera de vela quente na pia do banheiro, que entupiu, e paguei o maior mico quando o encanador que foi consertá-la disse "Nossa, mas quem foi o tonto que jogou cera quente na pia?", comecei a acreditar que deixo, sim, algumas pessoas preocupadas —, e queriam se certificar de que eu tivesse algum amparo aqui em São Paulo. Leia-se Pedro Miller, meu grande amparo.

Como o Pedro veio a São Paulo para se tornar músico, nada mais natural do que morarmos perto de onde tudo acontece para que ele ficasse mais próximo de onde possivelmente trabalharia.

Achei que fôssemos só morar perto, e não *onde* as coisas acontecem.

Rua Augusta.

Só para ter uma ideia, quando você joga rua Augusta no Google, aparece um monte de coisas, inclusive que é um dos principais pontos de meretrício da cidade. Aqui acontece de tudo, deu para sacar? A rua é recheada de boates, casas de show, saunas, bares para todos os tipos de gente. Na Augusta você encontra qualquer coisa que quiser. Outro dia, vi duas meninas paradas ao lado de uma mesinha, na qual havia uma garrafa de tequila e uma máquina de cartão. Acredite: elas estavam vendendo doses de tequila no meio da rua e ainda aceitavam cartão. Sem brincadeira. Achei o máximo.

Moramos no Baixo Augusta, a parte animada da rua, digamos assim. Subindo um pouco, chega-se a um lugar mais luxuoso, com bancos, salões de beleza e restaurantes requintados.

Nós, entretanto, ficamos no meio do bafafá mesmo.

Aliás, tenho quase certeza de que meu vizinho de baixo é garoto de programa ou algo do tipo, pois todos os dias — e quando digo todos, são todos mesmo, até aquelas segundonas brabas — ele traz uma mulher diferente para o apartamento e faz sons desagradáveis aos ouvidos de qualquer pessoa que não esteja participando. O que me preocupa é que, se aquilo não for uma profissão, meu Deus, esse homem precisa de um tratamento sério.

De início, eu me assustei muito, achei que não pertencia a este lugar. Até notar que aqui todos se pertencem. Não importam seu jeito, estilo, religião, orientação sexual, aparência ou o que o torna único. Ninguém vai olhar torto ou achar estranho.

E até que gosto disso.

Mesmo que a cama da minha quitinete tenha quebrado na primeira semana e eu tenha dormido no chão, por cima do estrado de madeira, por dias. Mesmo que eu escute a música da boate em frente ao prédio todo dia antes de dormir. E mesmo que de vez em quando eu perceba que algumas lagartixas estão morando aqui sem pagar o aluguel.

Minha relação com o Pedro não mudou. Quero dizer, não mudou muito. Moramos um na frente do outro — sim, ele tem o apartamento dele, como eu disse — e ele continua sendo meu melhor amigo. Apesar de estarmos ocasionalmente — nem sempre — enfiando a língua na garganta um do outro e jogando nossas roupas pelo chão da casa, resolvemos que não vamos rotular nosso relacionamento. Somos livres para nos relacionar com outras pessoas, se quisermos. E que a amizade permaneça! Amém.

Essa é a parte em que você se pergunta: "Caramba, a Isabela é tão madura, né?"

Não.

Você acha que não fico louca pensando que a qualquer momento ele pode aparecer com uma garota aqui no prédio e eu posso topar de cara com os dois? Fico. Até treinei minha cara de indiferença caso isso aconteça. O problema é que não sei como sair dessa situação, uma vez que 1) fui eu quem sugeriu que fôssemos apenas amigos, 2) fui eu quem cedeu quando ele não quis ser apenas amigo e 3) fui eu quem ficou quieta quando ele disse "Eu sei que você não quer se relacionar com ninguém no momento, mas que tal tentarmos isso?".

Isso.

Esse é o nome do nosso relacionamento.

Ai, meu Deus que está no ceuzinho! Será que dá para enviar uns anjos para me ajudar aqui embaixo?

Nunca me considerei uma pessoa ciumenta, sabe? Acho que não sou, pois acredito que todo relacionamento deva se basear em alguns princípios básicos para que de fato funcione ou chegue perto disso.

Respeito.
Confiança.
Cumplicidade.
Diálogo.
Admiração.

RESPEITO

Em primeiro lugar vem o respeito, porque a partir do respeito tudo flui muito naturalmente. Ser sincero e dizer que quer terminar o relacionamento pois acha que o fogo acabou é respeito. Ser sincero e apontar um erro do outro é respeito. Evitar fazer algo que pode chatear a outra pessoa é respeito.

Não estou falando que você deve mudar seu jeito de ser, cortar a relação com seus amigos e deletar todas as pessoas atraentes das redes sociais. Estou falando das pequenas coisas do dia a dia que machucam e que muita gente não pensa duas vezes antes de fazer. Seja para alimentar o ego, seja para não ser considerado um pau-mandado pelo grupo de amigos.

Estou falando de quando passa uma mulher gostosa e o cara que está do seu lado olha para ela. Se você é daquele tipo de mulher desencanada, que não liga, legal. E se você se importa e o cara faz mesmo assim? É falta de respeito, pô! E quando numa roda de amigos a pessoa expõe a intimidade do casal? Quando a pessoa está num relacionamento sério e mesmo assim mantém vários "estepes" preparados para o caso de o namoro terminar? Quando a pessoa esconde algo? Quando a pessoa esconde tudo e você nem sabe mais quem ela é? Quando a pessoa levanta a voz, ofende, encosta? É falta de respeito.

Temos que pular fora sempre ao mínimo sinal de falta de respeito. Sei que as pessoas podem mudar, mas acreditar numa mudança não é motivo para permanecer ao lado de alguém que não respeita nada.

Aprendi isso com minha sábia mãe. Quando mais nova, tive um namoradinho que adorava levantar a voz, socar as paredes e me xingar. Eu não via problema naquilo. Afinal, o que uma adolescente sabe da vida? Nada. Mas um dia minha mãe nos pegou discutindo na porta de casa e, assim que entrei, me disse algo que jamais esqueci.

— Nunca deixe que alguém te desrespeite dessa forma. Porque é daí pra pior. Você merece mais do que isso, filha.

E é verdade. É um pouco triste, porque deveríamos ser respeitados de antemão, e quando alguém tratasse o outro com falta de respeito, todos deveriam olhar com a mão na boca, chocados, como se aquilo fosse um crime. Sabemos que isso não acontece. A falta de respeito é tão comum que às vezes você aconselha uma amiga dizendo que ela merece mais do que aquilo e ela acha que você é uma invejosa que só quer atrapalhar o relacionamento dela.

Relacionamento sério, amizade, não importa: se quiser estar ao meu lado, me respeite, por favor.

Respeite meu jeito, meus gostos, meu passado, minhas roupas, minhas vontades. Respeite quando eu tomar uns drinques e quiser falar um pouco alto. Se for parceiro, me ajude a chegar em casa e dê boas risadas comigo. Respeite quando eu errar e me mostre o que posso fazer para melhorar. Gosto disso. Respeite até quando você estiver com raiva, querendo jogar tudo para o alto. Respire fundo. Conversar é sempre a melhor solução. Respeite quando eu quiser pintar meu cabelo de uma cor diferente. Depois de alguns anos, poderemos rir dessa fase vendo fotos. Respeite meus amigos, pois eles são importantes para mim. Mesmo que não sejam pessoas com quem você se identifique, seja tolerante. Respeite quando eu estiver chateada com você por algum motivo. Assumir nossos erros é nobre. Respeite quando eu quiser sair com minhas amigas. Na maior parte do tempo só contamos as novidades, fofocamos sobre assuntos aleatórios e assistimos a filmes. Respeite quando eu precisar de um tempo sozinha. Às vezes, gosto de me esconder do mundo. Respeite quando eu disser que amo você. Tem ideia de quanto é difícil dizer o que se sente em voz alta? Por fim, me respeite ao dizer que me ama. Não diga isso se pretende partir em breve.

Respeite. Eu também vou respeitar.

Respeitar é ser sincero com seus sentimentos e com os do outro. Dizer o que sente, mesmo que doa. Terminar um relacionamento por não achar certo fingir mais. Respeitar é ser você mesmo e aceitar quem o outro é.

E isso é mais fácil do que você imagina.

CONFIANÇA

Com o respeito, a confiança vem naturalmente. Se você tem ao seu lado alguém que o respeita, passa a confiar mais em si e no outro. Você sabe que aquela pessoa está ao seu lado porque quer estar, e não porque não consegue ser sincera sobre o que sente. A confiança afasta o ciúme, as brigas desnecessárias e todos aqueles pequenos desentendimentos do dia a dia que, com o tempo, formam um grande fardo que você não consegue mais suportar.

Confiar no outro é ter a certeza de que você faz seu melhor e de que, se ele está com você, é porque quer. Duas pessoas livres para fazer o que quiserem, mas que no momento decidiram ficar juntas. É isso.

Quando eu disse que não sou ciumenta, foi isso que quis dizer. Posso ter ciúme ao ver alguém de quem gosto se aproximando de outra pessoa e pensar coisas idiotas e ridículas do tipo "Tenho certeza de que ele vai me largar por ela. Ah, não. Eles vão se casar. Ter filhos. Morar numa casa com cerquinha branca. Tenho cer-te-za". Mas a gente engole a paranoia e continua vivendo. Que graça teria a vida se a gente não imaginasse tanto?

É lógico que já vi mais do que estava realmente acontecendo e transformei um simples olhar em "Vamos pro banheiro. Quero você agora. Larga essa menina e vem ser feliz". Faz parte ser louca de vez em quando. Ou na maior parte do tempo.

Tento, porém, me lembrar de algumas coisinhas que ajudam e muito a controlar o ciúme:

• Se ele quiser ficar com outra pessoa, que fique. Não quero ao meu lado quem não quer estar comigo.
• Nós nos respeitamos. Se algo rolar, ele vai me contar.
• Ser ciumenta e paranoica não mantém ninguém ao seu lado. Acredite, é exatamente o contrário.
• Não vou morrer caso um dia esse relacionamento acabe.
• Sério, não vou morrer mesmo.
• Inclusive até sei quem vai me ajudar a afogar as mágoas.

Pronto.

Brincadeiras à parte, não há nada melhor do que um relacionamento recheado de confiança. É quase como se seu namorado fosse também seu melhor amigo e você soubesse que, apesar de tudo, um sempre estará ao lado do outro.

CUMPLICIDADE

Preciso dizer alguma coisa? A definição de cúmplice no dicionário resume tudo:

1. Que contribui de forma secundária para a realização de crime de outrem.

2. Aquele que colabora com outrem na realização de alguma coisa; sócio, parceiro.

Ser cúmplice é aguardar ansiosamente pelo momento em que vocês dirão como foi o dia de cada um. É matar alguém e saber que você tem uma pessoa do seu lado para ajudar a esconder o corpo — não faça isso em casa, por favor, foi só um exemplo bem literal. É dizer tudo com um olhar brincalhão e saber que o outro vai entender. É dar aquele aperto na mão da pessoa enquanto vocês dois sorriem em silêncio e conversam por telepatia.

Ser cúmplice não é se anular ou se tornar capacho de outra pessoa. É estar ali para alguém que você tem a plena certeza de que vai estar sempre ali para você também.

É se jogar num abismo escuro sem medo, sabendo que lá embaixo alguém meio destrambelhado vai tentar segurar você.

DIÁLOGO

Palavras cortam o silêncio, marcam a alma e escrevem toda a nossa vida. Quando nos recordamos de algum acontecimento (triste ou feliz) que passou, sempre vem à memória algumas frases soltas, como "O problema não é você, sou eu", "Ele te traiu", "Parabéns, você foi aprovado", "Também te amo", "Seu cachorro morreu", "Precisamos conversar...", "Eu e seu pai vamos nos separar".

Por que, então, mesmo sabendo que palavras são tão importantes, às vezes insistimos em engoli-las? Histórias são formadas por palavras, e não por aquilo que ficou por dizer. Palavras não têm utilidade alguma quando deixam o silêncio falar mais alto. O silêncio diz muitas coisas e cada pessoa o interpreta de uma forma diferente.

Não deixe que o silêncio fale por você.

Sempre diga o que está se passando na sua cabeça naquele momento. Mesmo que seja idiota ou pareça louco. Você vai se sentir mais leve e, principalmente, se sentir mais você. E, acredite, existem pessoas que gostam de nós como somos. Até se você, sei lá, confessar que não mistura o feijão com o arroz no prato porque gosta de comer tudo separadinho.

Faço isso.

É sério.

Parece papo-furado, mas todas as brigas que você teve com as pessoas que ama poderiam ter sido evitadas se os dois tivessem sido sinceros desde o início. Acontece que, quando engolimos palavras, não sabemos que nosso organismo tem um "limite" do que podemos suportar. Mas ele tem. Vai chegar um dia em que você vai sentir uma vontade incontrolável de colocar para fora tudo aquilo que vem guardando.

Posso dizer: isso nunca acaba bem.

Primeiro porque a gente desconfia de quem consegue guardar tanta mágoa assim. É como se olhássemos para a pessoa pela primeira vez com uma vontade de dizer: "É isso? Seu sorriso e sua felicidade eram falsos? Todo esse tempo você estava anotando meus erros num caderninho pra depois jogar na minha cara?" Segundo porque é difícil discutir algo que aconteceu muito tempo antes. Não faz sentido. Os desmemoriados que o digam.

Sentiu? Fale.
Doeu? Reclame.
Chateou? Peça desculpas.
Duvidou? Esclareça.
Achou que é amor? Ame.

Não que isso seja fácil.

ADMIRAÇÃO

Para mim, admiração equivale a amor. Posso estar exagerando, mas, em todos os meus relacionamentos, quando a admiração acabou, o amor não conseguiu seguir sozinho. A gente só consegue amar alguém que admira, alguém que pode apresentar ao círculo de amigos com orgulho, que a gente leva para conhecer nossa família e diz com a boca cheia que aquela é a pessoa que mudou nossa vida.

Admirar alguém é amá-lo pelos seus defeitos. É ter ciência das qualidades, mas saber que são os defeitos que tornam a pessoa encantadora. Admirar alguém é, mesmo depois de anos, ainda ter aquele brilho nos olhos ao ver a pessoa se aproximar.

Voltemos ao "isso".
Pedro Miller se mudou para São Paulo para seguir o sonho de se tornar um cantor. Ano passado, ele cogitou entrar numa *boy band* que estava para ser formada, mas acabou desistindo. Pedro nunca foi mesmo de querer ser só mais um. Ele queria ser lembrado.

E, olha, está conseguindo. Depois de algumas apresentações aqui em São Paulo, seu número de seguidores nas redes sociais aumentou e ele tem seu primeiro fã-clube. Eu sabia que algo do tipo aconteceria. Qual é? O cara é lindo e canta superbem. Torço para que ele consiga seu lugar ao sol e sei que ele fica feliz só por estar fazendo shows toda semana e ter um público mínimo assistindo.

Em meio a tudo isso, nossas vidas se esbarram. Às vezes apareço nos seus shows de surpresa e assisto lá do fundo, quietinha, sem que ele saiba que estou ali. Às vezes ele aparece na porta do meu trabalho para me buscar porque insiste em me zoar dizendo que não sei andar de metrô.

Quase todas as noites esquecemos que não há nada sério entre nós e nos entregamos, como dois amantes que foram proibidos de ficar juntos.

Só que o destino não escolhe o caminho que vamos seguir. E saber disso não melhora em nada minha situação. Na boa...

Amanda:
Está apaixonada?

Isabela:
Não. Eu, apaixonada? HAHAHAHA

Amanda:
Você está apaixonada.

Isabela:
Ai, Mandy, vem para SP logo e não enche o saco.

CAPÍTULO 4
Amiga de verdade vai com você até o fim do mundo só por diversão

— Não entendo — diz Mandy, mastigando cinco batatas fritas por vez e me olhando por trás das lentes dos óculos.

— O que você não entende? — pergunto, perdendo a paciência. Essa era a segunda porção de batata frita e minha melhor amiga parecia estar muito mais focada na comida do que no meu "problema". — E, só pra constar, japa-ninja-morta-de-fome, essas batatas não vão fugir daqui.

— Eu sei. Eu sei. Mas estamos em São Paulo. A comida daqui é deliciosa, preciso aproveitar ao máximo.

Ela fala um pouco alto, chamando a atenção das pessoas ao nosso redor. Esta é a Mandy: sempre se importando com a opinião alheia.

Ela toma mais um gole do milk-shake, deixa as batatas de lado e me encara.

— Não teve nem um momento em que você teve vontade de namorar o Pedro? Pense bem.

Droga! Ela precisa ser direta assim? Não precisa.

Penso um pouco antes de responder.

— Não posso dizer que em nenhum momento tive vontade disso, porque, você sabe, no meio de um beijo, coisa e tal, é difícil negar que a gente combina. Porque, nossa, a gente combina! — Ela revira os olhos. — Mas tô decidida a não me relacionar sério com ele. Você sabe, Mandy, o Pedro não leva ninguém a sério, nunca levou. E ele é meu melhor amigo, a pessoa que mais me dá força no dia a dia. Tenho medo de perder tudo isso. Qual é a chance de a gente dar certo? Não dou certo com ninguém, nin-guém. E o Pedro não acredita no amor, não a-cre-di-ta no a...

— Tudo bem. Tudo bem. Não precisa fazer concurso de soletração, eu entendo. Quer dizer que vocês estão vivendo uma amizade colorida misturada com um relacionamento aberto? Vocês ficam juntos, mas se algum dos dois quiser ficar com outra pessoa tá liberado?

Ela me olha séria, como se a pergunta fosse a última do *Show do milhão*.

— Hummm. É. Basicamente isso.

Será que acertei? Acertei? Era para responder isso?

Ela começa a ter uma crise de riso, típica de Amanda Akira, com direito a fungadas de porquinho entre as risadas e tudo o mais. Todos na lanchonete olham para nós, e tento fingir que a piada foi mesmo muito engraçada. Amanda bate na mesa, fazendo um barulhão, e continua gargalhando.

Seguro suas mãos com força.

— Mandy, dá pra parar o show? — falo, entredentes. — A gente tá num lugar público e acho que não entendi a piada — digo, fazendo força para parecer séria.

— Isabela... — Ela limpa as lágrimas causadas pelo riso. — Isabela... Rá-Rá-Rá... Não... Não é possível... — Ela ameaça começar a rir de novo e a encaro, séria. — Tá bem, tá bem. É só que... — Ela para de repente e espera que eu me toque de alguma coisa.

— É só que o quê? É sério, Amanda. Fala logo.

— Você é a última pessoa que eu imaginaria tendo um relacionamento aberto, só isso. — Ela dá de ombros e desvia o olhar de mim. — O Pedro, tudo bem, ele fez isso a vida inteira. Mas você se importa demais com as pessoas pra conseguir não se importar. É simples. Matemática básica.

Como assim? Minha melhor amiga está dizendo que não sou capaz de ter um relacionamento aberto? Ah, pois sou, sim. Mal sabe ela que antes de nos conhecermos tive um relacionamento aberto. Fiquei por três meses com um garoto que era o cara mais canalha de toda a cidade.

Imagina o homem mais galinha que você conhece, tipo, no mundo mesmo. Agora multiplica por 77. Soma com o cara que mais a machucou até hoje.

É ele.

Eu gostava do Hugo; éramos meio amigos de festa, sabe? Não conhece a expressão? É aquela pessoa com quem você só se relaciona em eventos, festas ou baladas, que você nunca viu ou encontrou na vida real, passeando pelas ruas à luz do dia. Parece até que ela só existe ali, naquele mundo paralelo, com música alta, pessoas dançando e bebida alcoólica. Ah, vai. Há sempre os amigos da igreja, os amigos de sala da faculdade, os amigos da academia... Eu tinha meu amigo de festa.

Um dia eu não estava fazendo nada, Hugo também não, um olhou para o outro e pensou: por que não?

Eu poderia citar inúmeros motivos de "por que não", Isabela:

1) Esse cara pode ser um vampiro, afinal você nunca o viu à luz do dia.
2) Ele é um babaca, e você já preencheu sua cota de caras babacas.
3) Isso não pode dar em coisa boa.
4) Isso não vai dar em coisa boa.
5) Ok, vocês já se beijaram.
6) Tomara que ele seja só um vampiro.

Foi assim que dei o pontapé inicial nesse maravilhoso relacionamento. Passamos três meses juntos, três longos meses. Saíamos, nos divertíamos, às vezes ficávamos juntos só no fim da noite, em outros dias chegávamos de mãos dadas às festas. No início, mantive alguma distância, tentei me desviar das mensagens de bom-dia e dos convites para tomar sorvete. Mas, quando percebi, tinha a irmã dele adicionada no Facebook e minha mãe o cumprimentava na rua — sim, ele passou a aparecer e, não, não era um vampiro. Continuávamos nos tratando como amigos que se beijavam ocasionalmente. A gente não namorava e estava tudo bem assim. Não tínhamos nada estabelecido em status de redes sociais, muito menos nos apresentávamos como um casal para as pessoas.

Vez ou outra, alguém vinha me contar sobre a vida amorosa e sexual do Hugo, como se eu quisesse saber. Dava vontade de tatuar na testa "Olá, seja bem-vindo. Retire sua senha para me contar uma fofoca que não quero saber sobre um cara que você em tese acha que é meu namorado. Eu sei, parece, mas não é". Meio grande, mas uma tatuagem que me ajudaria muito.

O fato de ouvir que ele tinha ficado com a tal na festa estranha-com-gente-esquisita não me afetava. Eu estava numa época da vida em que era preciso bem mais para me arrancar alguma lágrima. Bem mais. Eu também tinha meus outros ficantes. Qual é?!

Eu tinha.

Tinha, ué.

É sério...

Tudo bem, eu não tinha. Admito. Mas é meu jeito. Fazer o quê? Não consigo me envolver com um numa noite e com outro na seguinte. O caso é que eu estava me cansando de fazer o papel de namorada sem de fato ser. Se ele queria uma garota para dar uns beijos de vez em quando, ok. Eu poderia ser essa garota. Eu queria ser essa garota. Mas não. O que ele fez? Envolveu família, mandou mensagens de bom-dia e boa-noite — isso é quase um "eu te amo" do mundo moderno — e disse que nunca havia conhecido alguém como eu. Rá! Clássica.

Pergunto: a troco de quê? Eu queria uma relação sincera. Queria ouvir dele que havia ficado com alguém na noite anterior. Mas as pessoas têm medo de ser sinceras.

Então, eu me cansei e me permiti surtar pela primeira vez na vida.

Um dia, numa festa, puxei um amigo que estava comigo naquela noite e dei o maior beijão. Eu me certifiquei de estar bem à mostra para que o Hugo visse o que estava acontecendo. Ok, ele estava olhando, com a boca semiaberta, e é bem provável que estivesse me xingando muito em pensamento. Por que fiz isso? Não sei. Acho que, no fundo, eu queria ser a responsável pelo ponto-final que estava iminente desde que tínhamos começado toda aquela história.

Infelizmente, é verdade: eu me importo demais com as pessoas para conseguir não me importar.

E odeio isso.

Meu dia hoje na revista não poderia estar melhor.

Só consigo pensar em como estou grata pelo fato de a Amanda ter vindo passar esta semana em São Paulo — só assim para eu ter minha melhor amiga por pelo menos alguns dias. Hoje vou chegar em casa acabada. Estou vendo.

Como colunista da *Zureta*, meu trabalho é produzir três textos semanais respondendo a dúvidas dos leitores e os aconselhando. Em todas as reuniões de pauta, apresento várias opções para minha editora, a Karen, para ela escolher o que acha melhor. Mas a Karen não vai com a minha cara, entende? Ela sempre tira um papelzinho inofensivo de sua pasta cor-de-rosa e me diz: "Acho que esta pauta será melhor, parece bem interessante."

E lá vem história. Juro. Daria para fazer um programa de televisão com o tanto de caso estranho que a Karen me repassa. Chego a pensar que ela mesma escreve as histórias e que tudo isso não passa de um teste.

Encaro o copo de café na mesa diante de mim. Não é meu, óbvio. Eu lá tenho direito a cafezinho servido na mesa do editor-chefe? Não. O motivo pelo qual estou aqui é bem diferente. Quem dera fosse só para um chá da tarde.

— Isabela, você sabe o motivo pelo qual foi contratada por esta empresa? — diz o senhor Bigodes, tentando conter a irritação.

Droga! Droga! Essa irritação foi causada por mim? Diz que não, meu Senhor que está no céu. Fui tão boazinha nos últimos meses... Quer dizer, tirando o dia em que eu e Pedro bebemos uma dose de tequila na rua e saímos correndo sem pagar. Era uma aposta, eu juro. Sério.

— Senhor Bi... digo, senhor Mário... — Ele me olha com ar severo. Tento ignorar a verruga no seu nariz. Foco, Isabela. — Acredito que tenha sido porque chamei a atenção da revista de alguma forma com o conteúdo que eu publicava on-line.

Ok, que credibilidade passo desse jeito? Alguma forma? Pffff.

— Você, Isabela, foi contratada pra gerar acessos ao site. Só isso. — Ao proferir essas últimas palavras ele cospe um pouco na minha cara. Será que enxugo agora ou espero mais um pouquinho? Nunca sei. — E que merda é essa que você tá fazendo na sua coluna? Viúvas apaixonadas por gatos de estimação? Mulheres reclamando que os vibradores da China ainda não chegaram? O cara que namora uma mulher de outro país há quatro anos e quer saber como se faz um casamento pela internet?

Ok. Agora posso limpar? Meu rosto está encharcado.

— Mas, senhor, quem escolhe as histórias que vou responder é a Karen, minha editora — digo, tentando me defender.

Eu mereço ouvir isso? Não. É tudo culpa daquela Karen. Ela queria que eu fizesse o quê? Ajoelhasse aos seus pés? Eu ajoelharia. Que eu beijasse seus pés? Eu beijaria. Quer dizer, agora fiquei em dúvida. É um pé, né?

— Olha, agora você quer me ensinar como funciona uma revista? — Tente não revirar os olhos, Isabela, por favor. Sei que é mais forte do que você. — Que garotinha mais ousada! — continua ele, e só consigo pensar numa coisa: ousada? Sério, senhor Bigodes? Pode deixar que nem vou levar como ofensa. Ousadia é algo bom, os heróis são sempre ousados nas histórias.

Ele continua esbravejando, mas não escuto mais nada. Estou nervosa demais para entender o que ele diz.

— E tenho a leve impressão de que você não estava prestando atenção a nenhuma palavra que eu disse antes.

— Oi? Desculpe. Me distraí — confesso.

Ele balança uma folha na minha frente, como se eu fosse a pessoa mais burra do Universo, e fala pausadamente para que eu entenda.

— A Karen me disse que você, em pessoa, exigiu que ela escolhesse histórias diferentes, porque esse era mais o seu estilo. Certo?

Vaca. Mil vezes vaca. Não acredito que ela tenha feito isso comigo.

Penso por alguns segundos.

Se eu desmentir, com certeza ela vai arrumar outro jeito de me ferrar. É melhor seguir na onda dela.

— Senhor Mário, é verdade. Quando cheguei aqui à revista, eu quis fazer algo diferente, responder a histórias bizarras pra mostrar meu valor, sabe? — O que a gente não faz por um emprego? Sinceramente. — Sei que fui contratada sem passar por um processo de seleção e, às vezes, sinto o julgamento das pessoas. Eu queria me destacar. Mas percebi agora, com a ajuda de quem entende mais do que eu — inclino a cabeça em direção a ele, que infla o peito, orgulhoso de si —, que isso não tá dando certo. Se o senhor puder, por favor, pedir que a Karen me passe histórias e dúvidas mais... hum... normais, eu agradeceria. E me desculpe, prometo melhorar.

Essa última parte é verdade.

— Tudo bem, Isabela. Admiro muito pessoas que sabem reconhecer seus erros. Parabéns! Vou pedir agora mesmo, a começar por esta semana, uma mudança no teor das histórias escolhidas.

Ele sorri para mim pela primeira vez. Ei, até que me dei bem, hein? As telinhas de televisão que me aguardem. Nasce aqui uma grande atriz.

— Antes de voltar à sua mesa, aceita um café? Este aqui é dos bons, moído na hora.

Meu Deus. Um café? Um cafezinho com o editor-chefe? Moído na hora? Toma essa, Karen.

Saio do aquário do senhor Bigodes como se tivesse vencido uma guerra. Enquanto passo pelas mesas dos meus colegas de trabalho, mentalizo "We Are the Champions", a famosa música do Queen, porque é isto que a gente faz quando não vive num filme: improvisa, finge que tem a própria trilha sonora.

Sento à minha mesa e faço um sinal de joinha para o Bruno. Tadinho. Ele estava preocupado desde que me viu branca (ok, mais branca ainda, quase como se tivesse visto um fantasma) quando recebi a chamada para ir à sala do editor-chefe.

Abro meus e-mails. É assim que o pessoal da redação conversa enquanto finge que trabalha.

De: bruno@zureta.com.br
Para: isabela@zureta.com.br

E aí? Se deu bem, foi? Como você conseguiu se livrar disso? rs :D

É, o Bruno ainda estava na era do RISOS.

De: isabela@zureta.com.br
Para: bruno@zureta.com.br

Olha, nem eu sei. Mas parece que deu certo. Ela vai ter que me respeitar agora. Ok, quero dizer, respeitar é forte demais. Digamos que agora terei histórias melhores com as quais trabalhar. Mudando de assunto, você está livre hoje à noite?

De: bruno@zureta.com.br
Para: isabela@zureta.com.br

Parabéns! Depois quero saber de tudo. Estou livre, sim. Qual a boa?

De: pedromiller@gmail.com
Para: isabela@zureta.com.br

Será que por aqui consigo falar com você? Saudade, branquela.

De: isabela@zureta.com.br
Para: pedromiller@gmail.com

A boa de hoje é o Bar Augusta, 157. Vamos? :D

De: pedromiller@gmail.com
Para: isabela@zureta.com.br

Isa? Hoje é meu show no Bar Augusta, 157. Estou o dia inteiro tentando te avisar, na verdade. Achei que você não soubesse ainda, mas parece que você mesma está me chamando. Ou enviou um e-mail errado?

Droga. Droga. Droga. É isso que dá mandar e-mail no horário de trabalho. E agora? Falo o que para o Pedro? Eu queria fazer uma surpresa. Céus! Por que nada na minha vida acontece como o combinado? Será tão difícil assim?

Encaro a tela do computador sem saber o que dizer.

Vamos lá, pense.

De: bruno@zureta.com.br
Para: isabela@zureta.com.br

?

De: isabela@zureta.com.br
Para: bruno@zureta.com.br; pedromiller@gmail.com

Bruno, espera um pouquinho que estou resolvendo um problema.

De: pedromiller@gmail.com
Para: isabela@zureta.com.br

Nossa, branquela, eu não sabia que era um problema para você. Deixa para lá.

O QUÊ? PERAÍ. Ele hackeou meu e-mail, só pode. Eu não disse que ele era um problema. Pelo menos, não diretamente para ele. Enfim... Não que ele seja de fato um problema. Eu só queria parecer ocupada para o Bruno esperar um tempo. Confesso, ainda não estou acostumada com esse lance de papear por e-mail.

Releio os e-mails rapidamente, rolando a rodinha do mouse. O ar-condicionado é o pior inimigo para o ansioso: estou tremendo dos pés à cabeça de tanto frio neste momento.

Releio o primeiro e-mail, o segundo... Ah, não! Não. Não. Eis sua obra de arte. Você enviou o e-mail que era só para o Bruno com o Pedro em cópia. Parabéns, Isabela! Parabéns mesmo. Agora entendo por que as revistas fazem uma seleção para o emprego, coisa e tal.

Isso aqui está muito acima do meu nível.

Às vezes fecho os olhos com força e espero alguns segundos. Abro. Nada muda. Nunca desisto de tentar acordar de um sonho ruim, sabe? O problema é quando esse sonho ruim é sua vida e você tem que pensar em como vai resolver tudo.

— Pedro, sei que você tá em casa. Abre pra mim, por favor.
— Bato na porta pela quinta vez.

É assim? Ele vai me ignorar? Está de brincadeira? Eu aqui, sendo fofa, tentando juntar minha amiga que está passeando na cidade (Mandy, aquela japa linda e nerd) com meu colega do trabalho (Bruno, aquele que me ajuda na revista), ao mesmo tempo que faço uma surpresa para ele, Pedro, e apareço no seu show com uma entrada triunfal.

(Ok. Vamos tirar a parte da entrada triunfal, pois isso deu muito errado antes.)

Apareço no seu show, com uma entrada destrambelhada, derrubando alguns garçons e tudo o mais.

(Melhorou, essa sou eu.)

— Pedro-ô. — Minha voz sai esganiçada. Quem liga? Estou prestes a chorar mesmo. — Abre a porta, por favor — dou mais algumas batidinhas na porta velha de madeira do 306. — Tô aqui fora quase chorando de ódio de mim mesma. A verdade é que eu só queria te surpreender hoje e aparecer lá. Aquele e-mail era pro Bruno, meu colega de trabalho que, assim, é só colega mesmo, sabe? Não rola nada, nadinha. Quero dizer, eu e você somos amigos, éramos amigos. Somos ainda. Ah, nós somos, você sabe. Mas com o Bruno não é isso. Eu estava chamando pro seu show porque eu queria que ele conhecesse a Amanda, entende? Acho que eles formariam um casal muito fofo. Não sei, posso estar viajando, porque, olha, sempre viajo. Rá-rá. Escuta essa. Hoje mesmo me peguei pensando por que a Rose não deu um espaço pro Jack na madeira em *Titanic*? Sei lá. Cabiam os dois ali em cima, de verdade. E não me venha com os argumentos de que a madeira não aguentaria o peso dos dois. Eles poderiam se revezar em cima da madeira pra que nenhum dos dois morresse. Não sei se era amor de verdade. Isso me fez questionar toda a ideia dos casais do cinema. Por que a Allie, do *Diários de uma paixão*, tinha dúvidas em relação ao outro cara chato se o Noah era o amor da vida dela? Vai entender. Enfim, tô falando sozinha. Tenho a impressão de que você está me ouvindo, só não acredito que vá ter coragem de me deixar aqui fora, Pê.

Eu me viro, derrotada, para entrar no meu apartamento e dou de cara com ele me encarando. Pedro Miller está encostado na pilastra do corredor, com um maço de cigarros nas mãos, rindo da minha cara.

— Parabéns! Acertou uma, errou outra. — Arregalo os olhos para ele. — Eu estava de fato te ouvindo, desde o início. Subi as escadas e, lá do hall de entrada, ouvi sua voz de choro me chamando. Mas errou na outra: eu nunca ia te deixar aqui fora, branquela.

Ele dá um sorriso de canto de boca e sinto um alívio tomar conta do meu corpo.

— Pedro, eu... Desculpa, naquele e-mail, eu não quis dizer que você era um problema.

Ele me envolve num abraço e deixo minha cabeça repousar no meio do seu peito. Droga, ele tinha que cheirar tão bem assim? Nem para ter um cê-cê?

— Eu sei, Isa. Você falou aquilo porque queria que seu amigo te deixasse em paz. Eu te conheço.

Solto-me dos seus braços e o encaro com os olhos semicerrados.

— Então por que você mandou aquele e-mail pra mim?

— Porque eu queria que você se sentisse culpada e ficasse desse jeitinho aí, toda lindinha, chamando meu nome. Um cara pode se divertir de vez em quando — diz ele, assobiando e andando tranquilamente, com as mãos nos bolsos, em direção à porta do seu apartamento.

— Você é insuportável, sabia?

Sorrio e o acompanho, passando pela soleira da porta.

— Você também, branquela. Você também. E, ah, sabia que você tem seu próprio apartamento? — brinca ele, deitando na cama e lançando um olhar desafiador, como se soubesse que em alguns segundos vou estar ao seu lado.

Reviro os olhos e não respondo. Deito-me ao seu lado, em silêncio. Ficamos por alguns minutos abraçados, olhando para o teto frio, sem nenhum detalhe para ser visto. É que algumas coisas são fortes demais para serem ditas em voz alta, por isso apenas suspiramos e deixamos que o brilho dos olhos fale por nós.

A fila do bar estava imensa. Isso é um bom sinal, certo? Bruno nos espera lá dentro, mandando mensagens a cada cinco minutos para saber onde estamos. E depois eu é que sou a ansiosa, hein? Pessoas pontuais: um caso a se estudar.

Encaro a nuca da Amanda na minha frente enquanto aguardamos na fila para entrar e, opa... O que é isso? Isso é uma... TATUAGEM?

— Mandy! — grito, chamando a atenção de um grupo de meninas eufóricas atrás de mim. Elas param de falar de repente e me olham com desprezo. Ignoro. Por que as mulheres fazem isso, hein? Gostaria de saber. — Você fez uma tatuagem?! Que legal! Achei que eu fosse sua melhor amiga.

— Ah, essa tatuagem... — Ela dá um tapa na testa. — Fiz na semana passada, tinha até me esquecido dela.

— E o que significa? — pergunto, empolgada, ficando na ponta dos pés e espiando por cima da fila, ansiosa para entrar logo.

Alguns bares daqui fazem isto: liberam a entrada de pouco em pouco para que as pessoas pensem que estão cheios demais e sintam-se lisonjeadas por estar ali naquele lugar "tão disputado". Uma forma de valorizar o passe. Está certo. Amor-próprio é tudo, né?

— É uma flor — responde Mandy.

— Ok, tô vendo que é uma flor. Mas e daí? É uma flor de que você gosta? Uma flor da casa da sua avó? Uma flor com um significado oculto? Uma flor zen? Uma flor japonesa? — Ela balança a cabeça, negando. — Uma flor... Hum... Tô ficando sem ideias. Já sei. Uma flor que simboliza o infinito? — digo, olhando esperançosa para ela, que ri.

— Isabela, é só uma flor que achei bonitinha no catálogo do tatuador — responde, incrédula, como se isso fosse a coisa mais óbvia do mundo.

— Mas eu achava que... — continuo, tentando me justificar.

— Você dá significados demais pras coisas. Lembra o que eu te disse? Você se importa, Isa — diz, dando de ombros. — Não me importo muito com as coisas. E, neste exato momento, acho que você deveria seguir meu exemplo.

Penso em zoar o término do último namoro dela, porque, convenhamos, ela chorou muito. Mas Mandy arregala os olhos assustada e acompanho seu olhar. Meu estômago se revira. Mesmo sem ter comido nada, sinto vontade de abraçar a lixeira do meu lado e vomitar.

Na outra ponta da fila, passando apressado no meio das pessoas, identifico Pedro no seu clássico casaco de couro, acompanhado por uma mulher que nunca vi na vida. Ela é bonita, usa um vestido bem justinho, curto, preto, e tem cara de que seria supertranquila se tivesse uma amizade colorida com alguém, de quem não se importa em fazer uma tatuagem de florzinha que viu no catálogo do tatuador.

O braço esquerdo dele a envolve pelo pescoço e os dois estão rindo como se tivessem escutado a piada mais engraçada do mundo. Parecem um pouco bêbados ou felizes demais. Não sei dizer.

Ela olha na nossa direção e, antes que os dois cheguem mais perto, puxo Mandy para longe da fila e atravesso a rua de mãos dadas com minha amiga. Não quero que ele me veja aqui. Não me pergunte o porquê, sei lá, quero VOMITAR na cara de alguém. Estou nervosa de verdade, sentindo-me como uma adolescente quando vai dar o primeiro beijo.

Só que na verdade é o contrário.

Não vou dar beijo nenhum. Porque somos amigos e não sei como amigos coloridos se cumprimentam. Portanto, é óbvio que não sei como amigos coloridos se cumprimentam quando veem o outro acompanhado de uma morena maravilhosa num vestido-preto-para-matar. Então viro de costas, jogo o cabelo por cima do rosto, saio correndo da fila e torço para que o Pedro não tenha visto essa atitude infantil e deprimente.

Eu digo: sempre opto por ser louca e por me esconder. Deu para perceber, né?

Olho para minha calça preta justinha e meu top um pouco decotado. Não me sinto tão bonita quanto me sentia ao sair. Minha sandália está um pouco gasta e tenho vontade de voltar para casa e chorar.

Não é ciúme, pior que não é. O que estou sentindo é um misto de não saber o que fazer com uma angústia fora de controle. Não sei quem é essa mulher, ok. Mas não preciso saber de tudo da vida do Pedro, preciso? O problema é que eu sempre soube de tudo. Ele fazia questão de me contar cada detalhezinho idiota do seu dia, e me pergunto se essa morena faz parte dos assuntos que ele prefere manter longe do meu conhecimento porque agora não somos só amigos, e sim amigos coloridos. E acho que isso muda tudo.

Ou ferra tudo, para ser mais exata.

Mandy continua de mãos dadas comigo e, vendo meu desespero, me abraça. Olho para ela com gratidão. Amizade é uma das coisas mais incríveis do mundo, de verdade. Entender alguém com apenas um olhar, sem precisar de palavras para expressar todo o seu amor, é incrível.

— Mandy, eu... Acho que quero ir pra casa — começo a dizer, envergonhada da minha atitude, mas ao mesmo tempo bastante decidida. — Preciso da minha cama. Desesperadamente. Se você quiser ficar, o Bruno tá aí. Eu...

— Tudo bem, Isa. Vamos chamar um Uber. Hein? Hein? Quem tá a fim de comer balinha? Aposto que desta vez teremos a bala de canela que você adora — diz ela, tentando me animar.

Procuro forças lá no fundo para abrir um sorriso para ela. Meus olhos se enchem de lágrimas e a abraço de novo.

— Você é a melhor amiga do mundo. Vai ser difícil me despedir de você quando esta semana acabar.

Permanecemos em silêncio, sentadinhas à porta de uma loja fechada, aguardando nosso carro. Enquanto o tempo passa, vejo a fila do bar se dissipar. O show deve estar quase começando. Desejo do fundo do meu coração que o Pedro arrase e me perdoe por não estar lá. Não o culpo pela minha tristeza. Ele não fez nada contra mim.

Eu que não sei lidar com tudo que está acontecendo.

E o pior é saber que uma das pessoas que sempre contribuíram para acalmar meu coração quando preciso é a única para quem não quero contar nadinha do que estou sentindo.

Isso acaba comigo.

O livro de Isabela.doc

Livro de Isabela.doc

Helvetica   12   N / S

Todo relacionamento tem começo, meio e fim. Nada dura para sempre, porque, é óbvio, não duramos para sempre. E quando a história não tem sequer um começo, como a gente faz? Pois é. Também não sei. Será que é ok perguntar que horas vai começar? Ou vou parecer interessada demais?

Olha, não sei quem inventou esse lance de amizade colorida, mas não é para mim. Não sei colorir nem uma árvore direito, imagina toda uma amizade. Dá trabalho. É cansativo. E, claro, sempre saio da linha. Perco a linha. Arrebento a linha. Eu esperava bem mais desse tal de amor. Achava que, quando você conhecia a pessoa que faz seu coração acelerar, o mundo todo parecia mais colorido.

Só que ninguém me disse que eu mesma teria que colori-lo, né?

Não é fácil fingir-que-não-estou-me-apaixonando-quando-tudo-que-estou-fazendo-é-me-apaixonar-perdidamente-pela-única-pessoa-por-quem-não-posso-nem-deveria-me-apaixonar.

Não sei por quê, mas a gente se enrola, se enrola todinha. Diz o que não quer dizer, não diz o que deveria dizer e, quando se dá conta, está vez ou outra enfiando a língua na boca de alguém, sem saber como chamar o que está acontecendo. O relacionamento não assumido vira isso. "Isso que rola entre nós é muito bacana", "Não devemos estragar isso", "Isso foi a melhor coisa que aconteceu". O que ninguém diz é que isso é confuso. Isso é enrolado. Enroladíssimo.

Enfrentar dez términos parece fichinha perto de ter, bem, isso.

Convenhamos, meu cupido deve ser surdo. Tudo que pedi para ele foi um amor fofo. Um amor legal. Um amor coloridinho, com sinos tocando, anjos voando à nossa volta, coisa e tal. E o que ele me deu?

Uma amizade colorida.

Surdo, eu disse. Doidinho. Ou gosta de se divertir à minha custa.

Pensando bem, minha vida é uma comédia.

Bruno:
Oi. Então você é a famosa Amanda que se juntou com a Isabela para me dar um bolo histórico? :P Está adicionada. PS: O bolo estava uma delícia.

Amanda:
Kkkkkkk. Eu mesma. A gente faz os melhores bolos, vai dizer.

Bruno:
É, acho que sim. Rs =) Ouvi falar muito de você.

Amanda:
Ah, é? Espero que bem. =)

CAPÍTULO 5
Muitos relacionamentos terminam no silêncio por medo de dizerem em voz alta seus sentimentos

Certo, tudo bem, sou uma covarde. Covardona. Já passou uma semana desde aquele dia fatídico do show do Pedro e tenho fugido dele durante todo esse tempo. Qual o problema em descer as escadas correndo e se esconder num dos vãos do corredor quando escuta algum passo? Nenhum. Nenhum mesmo. Qual o problema em receber uma mensagem e apostar consigo mesma que, se responder, você vai ter que pagar o almoço do seu amigo do trabalho todos os dias durante um mês? Qual o problema em pensar na pessoa o tempo todo e cantarolar a música da Luka "Tô nem aí", para ver se passa?

Juro que, quando nasci, o médico disse que eu era normal. Minha mãe pode confirmar.

"Por que você foi embora aquele dia?"

"O que aconteceu?"

"Fiz alguma coisa?"

"Isa? Tá tudo bem?"

Como a gente responde a um interrogatório desses sem engasgar com o choro na garganta e sem se sentir a pessoa mais idiota do mundo? Às vezes penso nos meus problemas e acho que são tão pequenos, tão insignificantes, que nem merecem ser citados numa conversa.

Tenho um defeito: eu me chateio com pequenas coisas.

Há pessoas que brigam, sofrem de ciúme, batem o pé quando o namorado olha para outra mulher. Até aí tudo bem, tudo bem mesmo. Pelo menos é algo que você pode explicar: poxa, ele estava olhando para outra mulher. (Apesar de eu achar isso inevitável, o mundo é grande, portanto é óbvio que ele vai olhar para outra mulher eventualmente.) Mas o fato é que ele olhou, e, quando alguém perguntar, você pode dizer isso.

E no meu caso? Sempre me envergonho das coisas que me chateiam.

Porque elas são pequenas demais.

Dentro de mim, não sinto que sejam tão pequenas assim. Mas, toda vez que tento colocá-las em palavras, sou malcompreendida.

E tentei. Juro que tentei.

— Gustavo, por favor, pare de me perguntar isso. Já disse que não é nada — respondo, virando o rosto para a janela do carro e observando as ruas que passam rapidamente.

Gustavo é meu ex-namorado. Terminei com ele faz dois anos (como o tempo passa, hein?), e ele não era lá o melhor namorado do mundo. Às vezes, tentava ser, fazia todo o tipo, coisa e tal. Insistia em saber o que estava me chateando e eu insistia em dizer que não era nada. Não para fazer joguinhos, porque não gosto de joguinhos. Não ganho nunca. Mas sim porque eu não queria contar o real motivo da minha chateação. Antes soubesse de alguma traição, levasse-o para o *Casos de família* e jogasse um microfone na cara dele. Pronto, tudo bem. Tudo ótimo. Porém, eu tinha ficado chateada apenas porque, enquanto estávamos no bar, um amigo dele comentou sobre o dia em que foram ao cinema assistir a *A era do gelo 3*.

É, eu estava chateada por isso. Pode parar de rir da minha cara agora.

Acontece que ele foi assistir a esse filme e nem mencionou isso para mim. Qual é?! Eu amo *A era do gelo 3*. Será que ele se importava tão pouco que nem tinha lhe passado pela cabeça a ideia de me mandar uma mensagem falando: "Ei, namorada-de-quem-não-faço-questão, estou assistindo a um dos seus desenhos preferidos e me lembrei de você"?

Antes que você pense que sou louca — viu, sempre termino me achando louca —, não acredito que, num relacionamento, seja necessário relatar tudo o que se fez durante o dia. "Oi, acordei, levantei, fui ao banheiro, fiz xixi, escovei os dentes, chequei as mensagens. Tinha uma amiga minha reclamando do trabalho. Tinha também uma corrente nova no grupo da família. Não tinha nenhuma mensagem sua. Voltei pro quarto, ainda com sono, e arrumei a cama. Enrolei mais uns cinco minutos debaixo do edredom e tomei coragem pra trabalhar mais um dia."

Ufa! Cansei só de fingir.

É lógico que você deve privilegiar sua individualidade e manter algumas coisas só para si. Afinal, estar num relacionamento não significa compartilhar TUDO, tudo mesmo. Significa compartilhar momentos com alguém por quem você sente carinho e com quem tem sintonia. Na minha opinião, a cumplicidade é tudo. Então, sempre que me relaciono com alguém, o cara acaba se tornando também um amigo, com quem quero compartilhar (quase) tudo o que acontece no meu dia ou para quem quero contar uma novidade sobre minha série preferida.

Foi por isto que me chateei:

Eu senti que não era uma amiga para ele.

Eu me senti como aquelas namoradas psicopatas que proíbem o cara de ir à esquina, forçam o garoto a mentir sobre aonde vai e acabam sempre descobrindo por terceiros.

Eu não era essa namorada.

Juro.

Eu sempre falava para ele sair sozinho, se divertir, e o fato de ele ter mentido/omitido me fez pensar muitas coisas.

Até porque (conferi), no dia que ele tinha ido ao cinema com esse amigo, estávamos conversando por mensagem o tempo todo.

Ou seja, ele não falou porque não quis mesmo, e não porque esqueceu.

Está vendo? Eu não precisava contar isso para ele. Já tinha resolvido tudo na minha cabeça.

Foi isso. Fiquei muito triste por causa de *A era do gelo 3*. Acredite. E você aí achando que *A era do gelo 3* fosse só felicidade com aqueles bichinhos fofos.

Agora, como a gente explica que ficou chateada com isso para uma pessoa que nem achou que convinha avisar que ia ao cinema?

Eu deveria ter ficado quieta. Deveria mesmo. Mas não, não, não...

Acabei contando para o Gustavo o motivo da minha tristeza. E sabe o que escutei em troca?

— Você é louca. Tá vendo? Eu estava no ci-ne-ma. Com um amigo. Não fiz nada de errado. Nem tinha mulher lá. Louca.

Gente, em que momento eu disse que havia mulher? Ou que ele havia feito algo errado? Ou que ele não podia sair com os amigos?

É por isso que não tento mais explicar minhas pequenas chateações do dia a dia. Não que o Gustavo tenha sido determinante para que eu parasse de exprimir meus sentimentos. Não foi. É que ele não foi o único. Isso já aconteceu com pai, mãe, amigos, outros namorados. As pessoas não entendem e acabo me sentindo uma louca sentimental que chora por qualquer motivo.

Custa entender a dor do outro? Sempre que alguém me diz que se chateou com algo que fiz, mesmo que eu não tenha visto nada de errado na minha atitude, peço desculpas. Não por ter errado, mas por ter feito outra pessoa se sentir mal.

E olha que não sou exemplo nenhum de bondade, hein!

Vejo a Karen se aproximar da minha baia e me endireito na cadeira. Droga! Logo hoje que vim com uma blusa preta do The Doors? Ontem eu estava toda bonitinha com um look cor-de-rosa, com certeza mais condizente com o estilo Karen. Mas tudo bem. Faço cara de concentrada e finjo nem ter percebido a presença dela bem atrás de mim.

— Como estamos com a coluna desta semana? — pergunta, reclinando-se por cima de mim para olhar a tela do meu computador.

Odeio essa mania dela de falar no plural. Estamos. Não estamos em lugar nenhum. Estou aqui e você está aí, olhando por cima do meu ombro, me julgando, como sempre.

— Tudo ok, Karen. Adorei o tema — digo, dando meu melhor sorriso forçado.

Como é difícil ser simpática quando não estou a fim!

A verdade é que adorar, adorar, eu não adoro. Mas não posso negar que os temas melhoraram muito desde o dia em que virei BFF do senhor Bigodes. Inclusive agora, uma vez por semana, ele me chama para tomar café moído na hora e conversar um pouco. Contei sobre o livro que estou escrevendo. Ele me deu algumas ideias, sugestões, e me contou sobre coisas que quis fazer e ficaram no papel, como escrever um livro de crônicas sobre o dia a dia estressante de uma pessoa que trabalhou num dos jornais mais famosos do país e viu de tudo um pouco, ou viajar por todos os países onde a aurora boreal aparece — essa ideia eu roubei, olha que incrível. Não sei por que nem o que ele viu em mim, mas agora sou alguém a quem ele confia seus sonhos mais loucos. E, de alguma forma, ajudo o senhor Bigodes a mantê-los acesos.

Deve ser coisa da juventude. Ou do brilho nos olhos. Uma vez me disseram que, quanto mais seus olhos brilham, mais sonhador você é.

E se tem algo que faço, e muito bem, é sonhar.

Karen se ergue de novo, me analisa dos pés à cabeça e ajeita os óculos.

— Adorei a camiseta.

Oi? Alguém mais ouviu isso? Eu aqui vindo trabalhar de blusa rosa de gola alta para parecer mais fofa e justamente no dia em que venho com uma blusa revoltada rock'n'roll do The Doors sou elogiada pela pessoa mais, hum, como posso dizer, requintada da redação?

— Ah, obrigada — digo, um pouco envergonhada, sem saber como reagir diante do elogio. — Você tá sempre ótima.

Karen dá um sorriso fraternal e ajeita um fio de cabelo que insiste em cair no seu rosto.

— Começamos com o pé esquerdo, mas agora sei que posso confiar em você, Isadora.

— Isabela — corrijo, no impulso.

— Eu sei, só estava brincando. — Ela aponta com o indicador, dá uma piscadinha e faz um estalo com a boca. Nunca vou saber se ela estava brincando ou se não lembrava mesmo meu nome. — Vamos a todo o vapor com a coluna de hoje? Suas colunas estão sendo algumas das matérias mais acessadas do site. Vim aqui pra te dar os parabéns.

— Puxa! Sério? Nem acredito! — digo, levantando e dando um abração na Karen.

É, posso conhecer a palavra limite, mas na prática, aparentemente, nunca fui apresentada a ela.

Karen se desvencilha com classe dessa demonstração exagerada de carinho, dá dois tapinhas nas minhas costas e se afasta.

Uau! Parece que estou longe de ter outra Marina na minha vida, hein? Será que a vida adulta é assim: um arco-íris no qual todos têm mais o que fazer, contas para pagar, e todo aquele lance de ferrar o outro fica apenas no passado?

Penso nas pequenas coisas que dão certo quando tudo está desmoronando e sorrio. Temos que agradecer sempre por esses momentos, que, verdade, são bem breves, mas alegram nosso dia.

Confesso: sempre fui muito emburrada. Desde pequenininha, quando algo não dava certo, fechava a cara, cruzava os bracinhos e condenava o mundo. Condenava as pessoas que me lançavam um sorriso na rua e as que me atendiam prontamente na padaria. Estavam felizes por quê? Rindo do quê, hein? Não achei graça. Não mesmo. Talvez fosse algo relacionado à adolescência, quando sentimos tudo muito à flor da pele e gostamos de interpretar vários personagens, um a cada semana. Eu era a fofa, a revoltada, a romântica, a que não queria mais saber do amor, a que se sentia sozinha, a única no mundo a sofrer por acreditar demais, a incompreendida.

O tempo passou e percebi que somos todos incompreendidos, que estamos todos lutando, o tempo todo, para vencer nossos monstros e nossos defeitos, para passar por cima daquelas coisas que nos machucam e nos desanimam em relação a tudo o mais. Lutamos para sorrir mais um dia. Lutamos para sorrir mesmo quando as coisas não dão certo. Lutamos para continuar vivos, mesmo que alguma luz dentro de nós se apague de vez em quando.

Sempre que possível, tento ser gentil com alguém sem motivo. Não, não sou a madre Teresa de Calcutá. Ainda brigo, xingo, condeno o mundo. Tenho meus dias ruins, de verdade. Mas, quando lembro, tento ser uma pessoa boa que passou de relance pelo dia de alguém e trouxe um pouquinho de alegria. Sei lá. Às vezes, elogio o sorriso de uma senhora no meio da rua, ressalto o trabalho de algum profissional que me atende bem, converso com o taxista, mesmo que não esteja muito a fim de papo — vai saber, ele pode estar querendo uma palavra amiga.

Para nós, isso pode ser pouco. Mas, para quem está sofrendo, significa uma pontinha de alegria em meio a um problema. Seja lá qual for.

E hoje, sem querer, a Karen fez isso comigo. Quando dei por mim, estava sorrindo. Depois de sete dias me culpando por algo que eu nem sabia ao certo o que era.

Depois de um trânsito de uma hora e meia na volta do trabalho, chego em casa e conecto meu celular — sem bateria — na tomada.

Morar sozinha é duro. Abro a geladeira e confirmo: manteiga para o jantar. Eu poderia até ter requeijão — o que seria um banquete —, mas parei de comprar requeijão porque depois de uma semana aberto ele fedia igual a rato morto. Não que eu tenha cheirado um rato morto. Mas sei que teria exatamente aquele cheiro.

Pego umas torradas que sobraram do café da manhã, passo manteiga e, enquanto como, começo a fazer uma lista mental do que ainda tenho que fazer. 1) Lavar a louça que parece ter se multiplicado desde a última vez que nos vimos. 2) Juntar as roupas que deixei espalhadas no quarto antes de ir trabalhar — ou amontoar no guarda-roupa e deixar para depois, o que sempre faço. 3) Varrer a poeira que brota de todos os cantos do chão. 4) Colocar papel higiênico no banheiro — porque, não sei se você sabe, mas não são gnomos do bem que fazem isso: são seus pais mesmo. 5) Parar de fazer listas, porque, quando se mora sozinho, a lista de afazeres parece nunca ter fim.

Ser dona de casa deveria ser uma profissão com carteira assinada. Sério.

Abro as mensagens do celular e me assusto. O que algumas horas desconectada não faz com a gente, né?

(15:18) Amanda: Isa, e aí? Já topou com o Pê em algum canto? Sua sorte é que SP é grande, viu... Hehe
(15:45) Bruno: Estou conversando com sua amiga Amanda. Obrigado por nos apresentar! rs
(15:49) Amanda: Até que aquele Bruno é um fofo, viu?
(15:58) Amanda: Isabela, dá para responder?
(17:01) Amanda: Chata.
(21:00) Amanda: SOCORRO, O PEDRO ESTÁ MANDANDO MENSAGEM FALANDO DE VOCÊ PARA MIM! APARECE LOGO! OLHA OS PRINTS!

(21:05) Pedro: Estou aqui deitado na minha cama pensando no que pode ter acontecido. Você vai fazer isso comigo? Mesmo? Isa...

Olho para o relógio: 21h07. Há apenas dois minutos ele enviou essa mensagem. Consigo imaginar a cena direitinho. Ele sem camisa, deitado na cama bagunçada, olhando para o teto, enquanto escuta alguma das suas músicas preferidas. No quarto, o cheiro de bebida da noite anterior, as roupas no chão e o violão em seu devido lugar.
Por que é tão difícil terminar algo que nem começou?
Antes mesmo de formular a pergunta, respondo a mim mesma: "Porque nunca aceitamos não saber como teria sido."
Coloco o celular de lado e afundo a cabeça no travesseiro.
Eu me sinto a pessoa mais sozinha de toda a cidade de São Paulo às vezes.
O choro vem rápido, como se soubesse que este é o momento certo para escapar. Engasgo, com o coração apertado, sem saber para onde fugir. Penso em ligar para minha mãe, mas não quero preocupá-la com besteira. Penso no meu pai e no abraço dele. Tento imaginar que ele está ao meu lado, acariciando meu cabelo e falando sobre quando eu era pequena e chorava por tudo. Penso até no meu irmão, Bernardo, que sempre me zoa e fala que fico igual a um sapo quando choro.
O celular se ilumina com uma nova mensagem.

(21:30) Pedro: Branquela, estou indo aí agora e se você não abrir a porta, derrubo. Estou sentindo que você está em casa e não gosto nada de saber que alguma coisa pode não estar bem. Pensa bem. Gosto muito de você. Muito.

Eu me levanto correndo. Droga! Droga! Droga! Ele poderia derrubar a porta do meu apartamento em qualquer outro momento da vida, sei lá, talvez quando eu estivesse bem linda, sentada no sofá, com as perninhas cruzadas, os cílios maquiados piscando calmamente, assistindo ao meu programa favorito. Eu só retocaria o batom e abriria a porta. Mas não, ele tem que vir na hora que estou chorando, só de sutiã e calcinha bege. Cato minha roupa espalhada pelo chão da casa, penteio o cabelo embolado e torço para a cara de choro melhorar. Olho no espelho e percebo que, sim, pareço um sapo quando choro.
Sorrio.
Porque isto é tudo que posso fazer para melhorar a situação.
Ser um sapo simpático.
Escuto batidas apressadas na porta e tento segurar o coração dentro do peito. Abro a porta e lá está ele.
Noto as olheiras sob seus olhos e o cabelo oleoso. Ele passa as mãos no cabelo, nervoso, e fico imaginando se não estava oleoso assim de tanto ele passar as mãos, preocupado. Os olhos dele me encaram de um jeito que nunca vi antes.
Preocupação? Não. Ele já se preocupou comigo antes. Culpa? Também não. Já vi o Pedro se sentir culpado.

Medo.

Ele está com medo. Eu me arrepio ao perceber isso.

— Oi — limito-me a dizer, porque meu nariz insiste em continuar escorrendo depois do chororô etc. e tal. — E aí?

E aí. E aí? E AÍ? Eu realmente arraso.

Ele nem espera que eu diga algo a mais, passa pela porta e vai entrando. Já dentro do meu apartamento, anda de um lado para outro, passando as mãos no cabelo, respirando forte.

— Pedro, aconteceu alguma coisa?

Certo, sei que fui uma idiota perguntando isso para o cara de quem gosto e de quem sou a melhor amiga. Cara esse que apareceu com uma mulher no show em que eu estava. É que, sei lá, senti que ele precisava mais dessa pergunta do que eu.

Ele me olha, ainda com aquele ar assustado.

— Isabela... — Paraliso. Isabela? Abro a boca para questionar, mas ele me silencia com o dedo em meus lábios. — Você me deixa falar, por favor? Não adianta dizer que não foi nada. Sei que aconteceu alguma coisa. Há uma semana você tá me evitando, não responde às mensagens, chega a fugir de mim nos corredores do prédio. — Abro a boca novamente, querendo me justificar. — Não, nem adianta dizer que tô inventando. Vi você escondida outro dia atrás daquela pilastra que tem o extintor de incêndio. — Ele me viu? Droga! E eu aqui me achando a 007 do prédio. — Resolvi deixar pra lá, achei que fosse alguma coisa sua, uma vontade de ficar sozinha por um tempo. Mas percebi que o problema era comigo. Mesmo. Mandei mensagem pra Amanda e ela foi superesquisita, coisa que nunca é. Mesmo quando você e eu brigamos ano passado, ela insistiu em manter amizade com nós dois. Você sabe disso também. Então, cheguei à conclusão de que isso tudo tem a ver com algo que fiz. Branquela, pelo amor de Deus, não sei o que aconteceu. Já pensei e pensei, mas não cheguei a conclusão nenhuma. — Olho para meus pés, sem saber o que dizer a ele. — Isa? Olha pra mim. Diz pra mim: o que aconteceu?

O que aconteceu? Ora, vou dizer o que aconteceu. Aconteceu que gosto de você. Tipo muito. Tipo mais do que eu gostaria. Tipo já guardei um papel de bala que você amassou e me deu para jogar fora, deu para sacar? Pois é. Aconteceu que você também é meu melhor amigo. E tudo começou quando resolvemos entrar nesse lance de amizade colorida, porque eu, burra, disse que queria ser só sua amiga. E você quis mais. E eu, indecisa, quis também. Então você concluiu que eu queria uma amizade colorida. Nada sério. Porque a Isabela não vai querer namorar depois de tantas decepções. Fala sério. Rá! O pior é que cheguei a pensar que eu era essa Isabela também. E, de verdade, eu poderia ter sido essa Isabela para qualquer outra pessoa que estivesse na minha vida neste momento. Menos para você. Menos para o Pedro Miller. Porque ele importa demais para ser só metade de alguma coisa para mim.

Só me dei conta disso depois, no entanto.
— Pedro, não foi nada.
Lá vamos nós: primeira tentativa de dizer que não foi nada. Abro a boca para falar mais alguma coisa, mas tudo que eu disser será mentira, por isso me calo.

— Isa, você tá com os olhos inchados.

— E você acha que foi por você? Se toca. Eu estava assistindo a um filme bonitinho. Só isso.

Arrasei na interpretação. Agora, sim, menina: vai que o Oscar é seu.

— Então por que você não dá notícias há uma semana?

Ele chega mais perto. Senhor Jesus Cristinho, afasta este homem maravilhoso de mim. Amém.

— Porque... Ué, porque... Você sabe.

Não estou falando nada com nada. Mas quem liga? Vai que cola.

— Sei?

Ele para de avançar e me olha com interesse.

— Sabe — digo, parecendo alguém que tem pleno controle sobre o que fala.

— Então refresque minha memória.

Ele se aproxima e consigo sentir sua respiração.

— Porque perdi meu celular, uai.

Essa foi a melhor mentira que consegui inventar na hora, ok? É difícil improvisar.

Lanço um sorrisinho para ele. Sapo simpático em ação. Vamos lá: funcione, funcione.

— Você é uma péssima mentirosa. — Ele diz isso ao pé do meu ouvido. Confesso, chego a pensar que ele vai partir para um beijo, mas ele se afasta, dando as costas para mim. — Tudo bem, você não quer me falar, vou respeitar sua decisão. Só quero que saiba que, não importa o que você esteja sentindo, eu gostaria de saber. — Ele se vira para mim, olha nos meus olhos. — Porque eu me importo com você.

"Pê, também me importo com você. Tá tudo bem. Só andei introspectiva esses dias. De verdade. Coisa minha, não quero falar sobre isso", mentalizo a frase e finjo pensar que é realmente a verdade. Até que é, em parte.

Ele segura meu rosto com as duas mãos e me abraça.

— Tô aqui pra tudo. Não esquece. Sou o seu melhor amigo.

É. Sei disso.

Melhor amigo.

Meu melhor amigo.

Giu:
Vai levar a garotinha lá? ;)

Pedro:
Garotinha, não: Isabela. Sim, ela vai comigo.

Giu:
E vai assumir o namoro quando?

Pedro:
Não é assim, Giu. Já te falei: é complicado.

Giu:
Admite, você não sabe o que quer.

Pedro:
Você não me conhece tanto assim, Giu. Bora trabalhar! Temos um show hoje.

CAPÍTULO 6
Existem pessoas que aparecem na nossa vida para nunca serem nossas

Olho para a página em branco à frente e tento mentalizar Meg Cabot, a escritora favorita da minha adolescência. Ela também deve ter tido esses dias em que nenhuma palavra parece fazer sentido. Quando pensamos que alguém que admiramos tem ou teve o mesmo problema que nós, parece que tudo fica mais fácil. Não sei por quê. Deve ser esse lance de não querer se sentir sozinho no mundo. Será que J.K. Rowling teve dúvidas ao escolher quem iria morrer no último livro do Harry Potter? Quantas vezes Agatha Christie mudou as características de Hercule Poirot? Será que Sidney Sheldon algum dia pensou numa história que não fosse incrível do início ao fim?

Não sei. Já vi muitas pessoas falando por aí que nós, escritores (acho que posso me considerar uma, afinal escritor é quem escreve), escrevemos melhor quando estamos tristes. Peraí? Faltei a alguma aula? Só consigo escrever bem quando estou feliz. E, olha, se isso for mesmo uma característica bacana para se enquadrar no grupinho dos escritores, estou ferrada.

Vou ter que caçar outro grupo.

Quais seriam minhas opções? Hum... O grupo dos que não sabem o que dizer quando estão numa situação crítica. Ou o grupo dos que falam demais quando não devem. Ou o grupinho das esquecidas que nunca lembram por que ficam com raiva de alguém e que, por motivos de memória (ou falta dela), não conseguem ter raiva de ninguém. Ou o grupo das loucas-fracas-sadas-que-resolvem-mudar-sua-vida-de-repente-em-busca-dos--seus-sonhos-e-terminam-chorando-no-colo-da-mãe.

É, esse último me parece bem promissor.

O problema é que, no momento, nem chorar no colo da minha mãe eu posso, porque 1) minha mãe é durona, provavelmente iria rir da minha cara e me mandar crescer: "Ai, Isabela, para de palhaçada. Chorar por homem? Eu, hein?" 2) Mas vamos supor que minha mãe me levasse a sério: também não contei que estava tendo uma amizade colorida com o Pedro. 3) Então não contei que estava triste com a situação. 4) Nem para o Pedro contei que estava triste com essa situação. 5) Não fui capaz de colocar um ponto-final nessa situação. 6) Essa situação. 7) Eu.

O problema sou eu, todinho.

Olhando pelo lado bom: sei o título que quero para o meu livro. Ele vai gerar dúvidas, com toda a certeza, mas será forte. As pessoas certamente pensarão: "Mas que garota infeliz! Deve ter se decepcionado tanto na vida..." Quero mostrar para as pessoas que o desapego é muito mais do que se decepcionar muito na vida e agora decidir se valorizar. Desapego é saber o que deve ser mantido e o que nunca deveria ter entrado na sua vida.

Fecho o computador, deixando o Capítulo 5 para outro dia.

Meia hora se passa e noto que nem sei ao que estou assistindo na televisão. Desligo.

Odeio me sentir assim.

Os anos passam e achamos que as crises de adolescente vão acabar, que o frio na barriga e a ansiedade por não saber o que será de nós vão mudar, que o drama do amor um dia vai ser só isto mesmo: um drama, um chilique que você não se dá ao luxo de sentir mais. Mas nunca muda.

É a mesma coisa.

Enquanto todas as minhas amigas queriam o cara mais desejado da escola, eu sempre procurava aqueles que ninguém tinha notado. Em parte porque eu não queria disputar com ninguém e em parte porque realmente gosto de descobrir coisas que não estão óbvias demais. Gosto de gente que se permite ser aos poucos. Nada contra os garotos populares e mais bonitos (inclusive, no atual momento, estou aceitando, viu?), é que o comum nunca me atraiu.

O amor tem desses lances, entende? Para cada pessoa há um ideal. Uns adoram caras mais altos para poder encostar a cabeça no peito. Já a Márcia, amiga da minha mãe, ama homens narigudos. Tenho uma preferência por cabelos pretos. Minha mãe curte olhos claros. Meu irmão adora mulheres com pele morena. O perfeito não existe, pois ele se mostra na imperfeição e nos detalhes de cada pessoa.

Se existe uma coisa que não devemos fazer é seguir a opinião da maioria. Todas as vezes que acompanhei a opinião da maioria (que não era a minha) me ferrei. Como na vez em que fui beijar "o cara mais lindo do bairro" — na opinião da maioria, pois eu não achava — e ele me babou toda. Sério. Eu esperava mais do cara mais bonito do bairro. Qualquer cachorro poderia ter feito a bagunça que ele fez na minha boca com toda aquela saliva, coisa e tal.

O que isso tudo, porém, tem a ver com disputar alguém? É aí que está. Como se não bastasse eu não gostar do que a maioria gosta e querer ser sempre a diferente, quando as outras meninas também "descobriam" os caras legais que eu achava perdidos por aí, eu desistia deles.

Lembro quando era bem nova, nova mesmo, tipo pirralha catarrenta. Eu estava na alfabetização e tinha lá meus seis anos bem vividos. Pasme: eu já queria ter meu próprio paquerinha, acha o quê? Para deixar bem claro aqui: ele não era o paquerinha de mais ninguém da sala. Só meu. As meninas preferiam um menino que "era mais bonito, mais popular". Não sei como elas definiam isso, na real. Ser popular na alfabetização é o quê? Ter lápis de cor da Faber Castell?

Só sei que o Leo era o meu namoradinho e ponto-final.

Quando somos mais novos, não queremos de fato beijar ou sequer chegar perto de alguém. Não, não. Queremos que essa pessoa esteja ali, meio de longe, sendo nossa. Só isso.

E minha relação com o Leo era assim. Supersaudável.

Confesso: havia dias em que eu esquecia que ele existia, afinal o Julio da *Chiquititas* (Paulo Nigro) também era um gato. Várias vezes, minhas amigas e eu fomos para um cantinho do parquinho, abraçamos a revista *Capricho* e demos um beijo no

Julio da capa. Até escrevi uma cartinha para o Julio que nunca enviei — achei-a quando estava organizando minha mudança para São Paulo. Mas, na falta de um orfanato para chamar de meu, de roupinhas fofas das *Chiquititas* e de um Julio, eu gostava de gostar do Leo.

Quando ele faltava à aula era uma dor no coração. Quando ele não ia aos aniversários dos nossos amiguinhos era uma tristeza também. E, quando todas as meninas da minha sala descobriram que ele era, sim, muito bonitinho, meu coração infantil se partiu.

Deixei o Leo para lá. Jamais gostei de disputas.

Pensei que, com tantas opções, talvez ele não fosse me querer. Pensei na força que teria que fazer para me destacar no meio de todas as minhas amigas e me cansei. Naquela idade, já me dava conta de que implorar por amor é bem patético e que, se ele um dia me notasse, tudo bem. Mas eu não ia fazer força para isso acontecer.

Uma romântica preguiçosa, eu diria.

Hoje à noite, o Pedro fará mais um dos seus shows num bar bem famoso da Zona Oeste, e sei que não posso deixar de ir. Depois do fiasco daquele último, preciso vestir a maturidade e prestigiar meu melhor amigo, ainda mais num momento tão importante da carreira dele.

Diferentemente de mim, que ainda estou lutando para escrever meu primeiro livro e tentando me destacar na revista em que trabalho, Pedro toca todos os fins de semana nos bares de

São Paulo e está ficando bem conhecido por aqui. Quer dizer, tem fãs. Isso mesmo. Fãs que gritam o nome dele e ficam na frente do palco babando. Sem mencionar o fato de que ele foi chamado para tocar no Itaim Bibi (um dos bairros mais badalados daqui). Isso é sensacional!

E eu? Bem... Estou pagando pela língua, pelos pecados, pela conta de aluguel do vizinho do primeiro andar. Estou pagando tudo. Para uma garota que odeia disputas e detesta quando todo mundo percebe quão incrível é a pessoa de quem ela gosta, até que estou bem persistente.

Não seria tão fácil assim desistir do Pedro.

Não se engane: ainda estou machucada. Confusa. Pirada. Doidinha. Não sei o que sentir pelo Pedro, por isso, na dúvida, digamos que estou apenas sentindo. O que quer que seja.

Ao mesmo tempo, morro de saudade da minha família (até do Bernardo, meu irmão, juro) e me esforço para conseguir escrever o primeiro livro com que tanto sonhei.

Era tão mais fácil quando era só um sonho, sabe? Não sei. Mas não quero que meu livro seja apenas mais um numa prateleira esquecida. Não quero publicar um livro só por publicar ou para dizer: "Ei, sabia que sou uma escritora?" Quero fazer a diferença. Mudar um pouquinho, nem que seja 0,001%, a vida de quem o ler. Então, estou escrevendo um pouco sobre mim, sobre o que já vivi até hoje e, óbvio, sobre coisas que eu gostaria de ter vivido. Relato minhas experiências com um toque de ficção, porque, se tenho a possibilidade de ser mais gatinha no livro, olha, vou ser. Conto minhas burradas e falo sobre o que aprendi com elas, entende? É para ser um livro divertido, daqueles que a gente lê de uma vez, em apenas uma tarde.

Há dias, porém, em que as palavras não fluem, dias em que, confusa, não sei o que sentir na vida real, muito menos na ficcional.

Confesso que, por conta do livro, dormir duas horas por noite está sendo luxo. De verdade. Duas horas por noite. Passo o dia inteiro trabalhando na *Zureta*, chego em casa após uma hora de trânsito, escrevo a madrugada toda, durmo às quatro, acordo às seis. Eu me arrumo para ir ao trabalho, que começa às nove. Às vezes, volto mais cedo e tenho um tempo livre para fazer as unhas — como é bom ter tempo para fazer as unhas. Mas esse é basicamente o meu dia a dia. Não que eu esteja reclamando. Não estou. É a vida dos meus sonhos. Estressante. Atarefada. Correndo atrás do que sempre sonhei.

Só que me esqueci de sonhar direito. Porque em nenhum momento eu quis gostar tanto do meu-melhor-amigo-que-por-acaso-decidiu-virar-um-cantor-famoso-e-de-quem-eu-infelizmente-não-consigo-me-afastar.

Foco, Isabela. Foco.

Escuto a campainha tocar. Pedro insistiu para que fôssemos juntos desta vez, para que nada dê errado. Piada, né? Errado? Na minha vida? Se tem uma coisa que faço nesta vida é dar certo. Rá!

Abro a porta e o observo por alguns segundos, encostado na soleira da porta. Ele está vestindo um casaco de couro, como sempre, uma blusa branca por baixo e um jeans claro surrado. Nos pés, um coturno preto. O violão nas costas, como todo músico. Ele parecia saído de um livro ou um filme, como se cada fio de cabelo bagunçado estivesse exatamente onde deveria estar. Sinto-o me encarar, como sempre faz, e finjo estar concentrada em fechar a porta do meu apartamento.

— A gente é um casal lindo, hein, branquela? — diz.

Casal? Ele disse CASAL? Peraí, casal implica um monte de coisa. Casal quer dizer, tipo, casal de namorados, né? E não somos namorados. Casal? Ele disse isso mesmo? CASAL?!

— Isa? — Ele passa a mão na frente dos meus olhos para me tirar do transe.

— Casal?! — exclamo, com um pouco mais de intensidade do que eu queria.

— Você também tá com um casaco de couro.

Ele bate a mão no meu casaco, como se isso fosse óbvio. Droga. Era só isso? Um par de casacos iguais?

— Ai, Pedro, como você é infantil. No máximo somos um par de jarros bem fofinho — brinco, dando o braço para ele.

Ele se diverte com meu comentário.

— Preparada pra não fugir de mim hoje à noite?

— Hum... Não posso prometer nada antes de escutar a primeira música.

Ele para e me olha assustado. Os olhos azuis em chamas. As luzes fracas do corredor realçam a cicatriz na sua bochecha esquerda.

— Por quê? Posso saber?

Sorrio. Eu sabia que meu comentário o deixaria intrigado.

— Porque posso me apaixonar, ora... E não queremos isso, certo? — ironizo, ainda descendo os degraus.

Chego ao térreo do prédio e olho para a escada esperando que ele venha. Mas ele continua lá, parado.

Olhando para mim, intrigado.

— Por que não queremos nos apaixonar? — pergunta ele de supetão, ainda incrédulo com o que acabei de dizer. — Não é você a pessoa que se apaixona todos os dias?

— Não é você a pessoa que nunca se apaixona? — devolvo a pergunta.

Ele abre a boca para começar a dizer alguma coisa... E a fecha novamente. Peguei você, Pedro Miller.

— Se apaixonar é difícil, Pê. Por isso. E você nem liga pra esse lance de amor, mesmo. Anda, vamos — chamo, impaciente, sem sucesso. Ele continua me encarando.

— Não acredito!

Ele coloca a mão no peito, encenando estar chocado com minha afirmação.

— É, Pedro Miller. Caso tenha esquecido, você tem 24 anos, é aquariano e meu melhor amigo há mais de cinco anos. Recentemente, nós nos mudamos pra São Paulo e você tem um irmão gêmeo, com quem teve um atrito no passado. — Ele sorri. — Tá, Gabriel, com quem namorei por um tempo. Você morre de saudade da sua mãe, dona Martha, sempre foi o cara mais galinha que conheci na vida e em toda oportunidade que tem diz que não acredita no amor. Melhor dizendo, que não liga pro amor. Esse é você. Ou será que tô sonhando?

Ele desce lentamente a escada em minha direção.

— As pessoas podem mudar, branquela — limita-se a dizer.

Penso em duas ou três respostas engraçadinhas que eu poderia dar a ele neste momento, mas o frio na barriga não permite que eu esboce mais do que um sorriso. Ele me aconchega num abraço e saímos para pegar a van que vai nos levar para o show.

Se eu soubesse como esta noite termina, talvez tivesse dito alguma coisa. Qualquer coisa. Só para arrancar dele tudo aquilo que eu precisava ouvir para não fazer nada de errado.

Porque, você sabe, sempre faço.

Entro na van da produção (Pedro agora tem uma produção) e cumprimento todo mundo.

Oi, oi, oi, peraí... Oi? Olho para a tal morena. Evidentemente. Com um decote vermelho, uma calça jeans justa e seu ar de superior, igualzinho ao daquele dia.

Dou um sorriso amarelo para ela e me encaminho para o último banco da van.

— Isa, essa é a Giu. — Pedro nos apresenta e lança um sorriso encorajador em minha direção. Ele espera que eu seja educada. Mas Giu? O nome dela é Giu? Ou eles se chamam por apelidinhos? Quero ser chamada de Isabela a partir de agora, por favor.

— Ela é minha produtora, é muito conceituada no mundo da música. Já produziu vários cantores famosos que estão todos os dias na televisão. Diz ela que vai me deixar muito famoso. Quero só ver. — Ele dá uma risada gostosa e olha para a Giu.

— Claro que vou, já disse. Você tem quase tudo de que precisa — diz ela para o Pedro. Tento entender se foi uma piada ou se ela de fato quis dizer isso. Estendo a mão para cumprimentá-la. — Prazer, Giulia. Mas pode me chamar de Giu. Estava doida pra conhecer a famosa Isa.

— Oi, er... Giu. Prazer em te conhecer! Agora entendo por que ele tá arrasando desse jeito nos shows, cheio de fãs. Tá explicado. Entendi de onde veio tudo isso.

Dou uma piscadinha para o Pedro, que se senta do meu lado.

— Os fãs são por minha causa, não sei se o Pedro te contou. Mas o assédio tá grande — diz Roberto, um figuraça que cuida da iluminação. Ele tem cabelos grandes e rosto fino, diria até que um pouco feminino, e tem lá seu charme.

— Claro, claro. Eu já disse, Roberto, vou ter que te demitir se você continuar chamando tanto a atenção assim. — Pedro faz cara de bravo. — Desse jeito vai me roubar até a branquela aqui. — Ao falar isso, ele me envolve num abraço.

Todo mundo ri.

— Menina, toda vez que você diz que vai mas não aparece no show, esse daí — aponta para o Pedro com a cabeça — fica jururu — diz Carlos, o "cara do som".

Olho surpresa para o Pedro.

— Ah, é?

— Carlos, para de inventar. — Pedro olha para mim. — Isa, acredita que o Carlos cede a cama de casal para a esposa dormir com o amante? Não podemos levá-lo a sério.

— É, Carlos, sua credibilidade foi levemente afetada agora — brinco.

— Pedrinho, você sabe que minha mulher e eu temos um acordo. E eu nem gostava daquela cama mesmo... É espaçosa demais. — Carlos se embaralha todo nas explicações.

— Aham, sei bem. — Pedro dá uma gargalhada. — Eu já disse, Carlos, você tem que parar de viver pela metade.

— Nada, menino. É que você tem a juventude ao seu lado, por isso acredita tanto na vida, no amor. A gente fica velho e isso para de fazer sentido — finaliza Carlos, em tom brincalhão.

Peraí, ouvi direito? Pedro acreditando na vida e no amor? Olho para ele, que percebe meu espanto.

Percebo que Pedro quer que eu me sinta bem nesse meio, com as pessoas que trabalham com ele. E, para a minha surpresa, me sinto, sim, bem à vontade. O peso no coração que senti no dia em que o vi abraçado com a Giu se esvai por completo. Ela é bonita, lógico. Mas a relação deles é profissional. Ela quer ajudá-lo na carreira, crescer junto com ele. Que besteira minha ter tido ciúme disso! Fala sério.

Deito minha cabeça no peito dele e suspiro, feliz.

Pedro:
Alguém já escreveu uma música para você?

Isabela:
Não, infelizmente. Já tentei induzir um namoradinho meu a dedicar uma música a mim, tipo, dedicar só, né? Mas nem isso.

Pedro:
:)

Isabela:
?

Pedro:
:)

Isabela:
Aff...

CAPÍTULO 7
Sou o tipo de pessoa que está sempre a um passo de jogar tudo para o alto

Chego ao show, despeço-me do Pedro e sento na mesinha reservada para mim. Ele até que tentou me arrastar para o camarim, mas preferi assistir à apresentação da plateia.

Olho para os lados, analisando cada pedacinho do lugar. O Skull Bar é um bar-balada, de acordo com minhas definições. Bar-balada é aquele bar que não é puramente bar, porque as pessoas ficam em pé conversando e dançando, mas não é puramente balada, porque as luzes não ficam apagadas e não há aquela fumaça que tira o fôlego da gente. O ambiente é bem aconchegante, com paredes de tijolinhos e caveiras estampadas na decoração.

Creio que alguns nem façam ideia de quem seja Pedro Miller e estejam aqui só porque gostam do lugar, pois o bar é famoso por shows de pop rock. Já outros (melhor dizendo, outras) sentam-se à minha esquerda (estou de frente para o palco, bem no meio) e se agitam, frenéticas, mostrando fotos do Pê no Instagram (sim, eu reconheceria um pedaço da testa dele a quilômetros de distância) enquanto falam "Gosto quando ele canta aquela do Kit Abelha". KIT ABELHA. Era esse o nível das fãs do Pedro? Eu me seguro muito para não entrar na conversa delas e dizer: é Kid Abelha, com "d", fofas.

O assunto delas continua fervoroso, e cada minuto que passa fica mais difícil não falar nada. Ainda mais eu, euzinha, que adoro falar alguma coisa. Qualquer coisa.

— Fiquei sabendo que ele tá namorando aquela cantora famosa. Como chama mesmo? — diz uma ruiva com aparelho nos dentes.

Eu me mexo na cadeira, incomodada. Que cantora? Famosa? Quem?

— Namorando, que nada! Ele fica com uma diferente a cada show que faz.

Essa deve ser a mandona do grupo, porque as outras concordam com a cabeça.

— Não sei, mas as composições dele parecem sempre ser pra mesma pessoa — ousa discordar a que parecia ser a mais nova do grupo.

Peraí, composições dele? Composições dele? Como não estou sabendo disso? Quanto tempo perdi? Eu me viro rapidamente e derrubo a garrafinha de ice que tomava, com o coração acelerado. Olho para os lados, torcendo para que ninguém tenha percebido, e deparo com os olhos da mais nova do grupo cravados em mim, como se ela estivesse me notando pela primeira vez na noite. Ela se volta para o grupo e continua a conversa animada.

— De qualquer forma, estamos aqui pra apoiar o Pê, e não pra investigar a vida amorosa dele.

As outras concordam, um pouco contrariadas, e mudam de assunto.

Viro à minha direita para respirar um pouco, envergonhada. Droga. Droga. Por que vim ao mundo deste jeito, desastrada? Antes fosse só o fato de ser sagitariana e destrambelhada, mas parece que é algo maior do que o signo. Tenho certeza de que, quando eu estava lá no céu, Deus olhou para mim e falou: "Não aguento mais essa menina derrubando nuvem todo dia aqui. Manda lá pra baixo." Daí nasci, derrubando o médico, minha mãe e tudo o mais que encontro pela frente.

Uma mulher sobe ao palco, anunciando que o show começará em instantes. Peço mais um drinque e me recupero. Tudo certo. Está tudo bem, né?

Vejo um garoto encostado numa das paredes de tijolos, sorrindo na minha direção. Olho para trás, para me certificar de que ele não está sorrindo para a pessoa errada. Olho de novo para ele e o sorriso continua. Eu me viro rapidamente para a frente, jogando o cabelo.

Porque, quando quer mostrar que não quer papo, você faz o quê? Joga o cabelo.

Eu me concentro no palco arrumado, esperando pelo Pê, e tento tirar o garoto misterioso da cabeça. Por que ele estava sorrindo para mim? Logo para mim? Eu, que não tenho coragem de ligar para um *delivery* e pedir pizza porque tenho vergonha?

Convenhamos, sou uma mulher forte e decidida quando tenho que ser. Ah, sou, sim! Mas ultimamente tenho gostado de me sentir frágil às vezes. Cansei de ser pedra. Cansei de ser aquela que está sempre com um sorriso frouxo no rosto.

Todo mundo tem uma época na vida em que não está nada bem. Isso é mais do que normal. Problemas na família, na escola, no emprego, nas amizades, nos relacionamentos. O que for. Todo mundo se fecha em algum momento e fica ali, quietinho, magoado, esperando que tudo passe. Já eu, quando tento me recordar de algum momento em que estive dessa forma... Não consigo. Porque sempre seguro todas as barras. Nunca deixo de sorrir. Sempre sou aquela pessoa que bate no peito e fala para a vida: "Pode mandar mais, eu aguento." E aguento com um sorriso no rosto.

Quando eu tinha sete anos, minha mãe passou por uma fase bem difícil. Ela adoeceu, entristeceu. Uns chamam de depressão. Prefiro dizer que ela perdeu a cor. Ficou pálida, sem vontade de viver. Eu era muito nova, não entendia muito bem o que estava acontecendo. Meu irmão, Bernardo, preferia ignorar, ou, pensando melhor, acho que ele também não entendia. Mas, diferentemente de mim, preferiu se afastar. Deixar que minha mãe lidasse com os problemas sozinha.

Eu não conseguia fazer isso. Eu queria resolver, entende?

Peguei a responsabilidade para mim e, no auge da minha infância, me vi consolando minha mãe. Passei tardes e noites deitada ao lado dela, acariciando seu cabelo e dando beijinhos no seu rosto. Tentei animá-la. Até mesa de café da manhã eu arrumava para arrancar um sorriso dela. E todas as vezes que, meio às lágrimas, ela sorria, meu coração se enchia de esperança. Eu queria curar a tristeza que ela estava sentindo com o amor que eu tinha por ela. Não foi fácil. Havia dias que eu acreditava que a vida estava se esvaindo aos poucos dos seus olhos. Mas insisti. E, poxa, tinha apenas sete aninhos! Em meio a todos esses problemas, ainda tinha que ser criança, brincar com meus amigos na escola e ser boa aluna.

Se quer mesmo saber, fiz tudo com um sorriso no rosto. Eu sabia que ia conseguir. Tinha certeza disso. Eu sabia que era capaz de aguentar.

E aguentei, firme.

Minha mãe, com minha ajuda, se reergueu. Ganhou de volta sua cor. Os quilos que tinha perdido. Os sonhos que haviam sido deixados de lado. Ela se preencheu de vida, de amor. Superou a depressão, os problemas, e se levantou mais forte.

Minha mãe, mulher que de repente se viu menina. Eu, menina que de repente precisei ser mulher. Engraçado como a vida é.

Hoje, mulher, quero ser menina. Só um pouquinho.

Quero me permitir chorar — escondida, óbvio — e me sentir como uma fina camada de vidro que pode quebrar com qualquer sopro.

Pedro sobe ao palco.

Ele cumprimenta o público, se ajeita no banquinho, coloca o violão sobre as pernas e dá um sorriso maravilhoso. Para mim. Meu Deus! Ele sorriu para mim?! Sorrio de volta. Envergonhada. Sinto que vários olhares se voltam na minha direção. Pedro começa a falar com o público do bar, mas não escuto mais nada. Fico nervosa como se eu fosse cantar junto. A janta se revira no meu estômago e começo a me arrepender dos três drinques que tomei, nervosa. Por que sou tão ansiosa e descontrolada? Isso me faz mal. Muito mal. Lembro-me de todas as apresentações de balé e da minha amiga Gabi, que sempre dizia estar com vontade de fazer número dois antes de começar o espetáculo.

— Animados? — A voz do Pedro me tira do transe. — Vou começar com uma que vocês gostam muito. Quem aí se lembra do Chorão? Salve, salve!

Ele começa a cantar "Só por uma noite", do Charlie Brown Jr.

O *setlist* do Pedro é perfeito. Ele mistura pop rock com algumas baladinhas românticas, agradando a todos com muito sucesso. Capital Inicial, Charlie Brown Jr., Raimundos, Engenheiros do Hawaii — quando ele cantou "Pra ser sincero" o bar foi ao delírio —, Os Paralamas do Sucesso, O Rappa.

A parte de músicas internacionais do show do Pedro, apesar de ele não cantar canções tão conhecidas da maioria, é a que me deixa nas nuvens. Ele foge das bandas óbvias. Mas as que toca, para mim, são as que fazem sentido. São as bandas que passamos horas escutando e cantando juntos — às vezes Pedro gostava de tocar violão e me incentivava a arriscar na cantoria, em que sou péssima. The Fray, The Script, Lifehouse, OneRepublic, Howie Day, Teddy Geiger, Parachute, Snow Patrol, The Killers, Kings Of Leon, Stereophonics, Oasis, Yellowcard, Jimmy Eat World, Dashboard Confessional. Nosso gosto musical é bem peculiar.

Fazer shows em barzinhos não deve ser coisa fácil, viu? As pessoas não ligam para você até que cante algo que lhes chame a atenção. E sempre tem aquele chato que pede "Toca Raul". Fazia tempo que eu não vinha a um show do Pedro. Ok, um mês, mas ainda assim a evolução dele é nítida.

Ele se sente tão confortável no palco, parece tão... Feliz. Pedro Miller. Feliz. Uau! Nem parece a mesma pessoa do ano passado, aquele cara cheio de problemas de família, que sofria com o reencontro repentino com o irmão gêmeo — e, certo, meu ex-namorado —, Gabriel. Nem parece aquele cara que não acredita no amor. Ele tem um sorriso genuíno. Parece estar vivendo tudo aquilo que sempre sonhou.

Eu me sinto feliz por ele.

De repente, Pedro se levanta, pega o microfone e olha para mim. Assim mesmo, sem nem me avisar para que eu possa ajeitar o cabelo ou me sentar de um jeito mais arrumadinho na mesa.

Ele sorri, percebendo meu incômodo.

— Esta última música eu queria dedicar a alguém muito especial pra mim, porque é legal ter seus braços em volta de mim.

Essa frase... De onde conheço essa frase? Ué. Conheço essa frase, sim. Ai. Meu. Deus. Ele vai cantar...

— "Fast Car", de Tracy Chapman, meus amigos — revela ele, fazendo com que meu estômago se revire todo.

You've got a fast car
But is it fast enough so we can fly away?

We've got to make a decision
We leave tonight or live and die this way

So remember when we were driving, driving in your car
Speed so fast felt like I was drunk
City lights lay out before us
And your arm felt nice wrapped round my shoulder
And I had a feeling that I belonged
And I had a feeling that I could be someone

[Você tem um carro veloz
Mas será o bastante para voarmos para longe?
Temos de tomar uma decisão
Partir esta noite ou viver e morrer dessa maneira

Lembre-se de quando estávamos dirigindo, dirigindo seu carro
Tão rápido que eu me sentia bêbado
As luzes da cidade diante de nós
Era bom ter seus braços em volta de mim
Eu tinha a sensação de pertencer
Eu tinha a sensação de poder ser alguém]

Por um momento, penso que o Pedro sente o mesmo que eu, mas tem medo demais para dizer em voz alta. Por que ele dedica essa música a mim? Uma música que fala tanto sobre duas pessoas que querem ficar juntas e dar um jeito de que isso aconteça? Eu e minha mania de analisar letras de música. Às vezes é só isto mesmo: uma música. Da qual ele e eu gostamos. Ah, estou cansada de criar expectativas. Elas dão muito trabalho, ocupam espaço e na maioria das vezes não são boas meninas. Porque não se realizam.

Expectativas são umas vacas, isso, sim.

O show acaba e alguém se senta na cadeira vazia da minha mesa. Olho para o lado, esperando encontrar o Pê, mas tudo que vejo é o garoto misterioso que sorriu para mim no começo da noite. Ele continua sorrindo. Será um derrame? Ninguém pode sorrir tanto assim. Eu, hein?!

— Oi? Posso te ajudar? — digo, meio sem paciência. Noto que as meninas da mesa ao lado correm para a porta do camarim do Pê e desejo, com todas as minhas forças, que o ocupem bastante. Não quero que ele me veja conversando com esse carinha. Não que eu não possa conversar com outras pessoas, mas... Ah, deu para entender.

— Tem namorado? — pergunta ele, na lata.

Observo-o pela primeira vez. A pele é bronzeada de sol, o cabelo, enroladinho, castanho. Os olhos também são castanhos, cor de avelã. Ele não é bonito, bonito. Do tipo que você olha e fala "Hum, bonitão". Mas há algo nele que faz com que se deseje ficar mais um pouco.

Não sei dizer.

— Eu? Er... Tenho. — Penso no Pedro e em como seria estranho se ele aparecesse ali dando uma de amigo para cima de mim e no papelão que eu ia passar por ter dito que éramos namorados. — Quero dizer, não. Não tenho.

— Terminou recentemente?

Meu coração se aperta. Ele é bem direto, né? Nem para esperar eu pegar um fôlego, coisa e tal.

— Não. — Penso em quanto essa resposta é incrível, porque geralmente, sim, eu sempre estou com algum relacionamento recém-terminado. Só agora percebo que, sim, estou mesmo me acostumando à vida de solteira. — Só é complicado.

— Relacionamentos são complicados. Não conheço um que não seja.

Ele põe as mãos por cima das minhas. Tiro devagarinho, sem movimentos repentinos.

— Você parece entender bastante disso. Quero dizer, de relacionamentos complicados.

— Posso dizer que tive alguns. Ah, que feio da minha parte! Eu me chamo Caíque. Prazer — diz, estendendo a mão.

— Isabela. E você se chama Caíque mesmo? Ou é Carlos Henrique e você fala Caíque pra parecer mais descolado? — digo, correspondendo ao aperto de mão depois de alguns segundos.

— Não, é Caíque mesmo. — Ele abre um sorriso e olha para a minha boca. — Posso saber o que uma menina como você veio fazer sozinha num bar como este?

— Não tinha uma frase menos clichê pra dizer, não?

Como flertar com um cara: aprenda aqui. Sou mestre. Sedução purinha.

— Pior que quero saber mesmo. Porque também vim sozinho. Só fiquei curioso quanto aos motivos.

— Não tem motivo. E não vim sozinha, se quer mesmo saber.

Olho para a porta do camarim e ele percebe meu olhar.

— Veio com o carinha que cantou aqui hoje? Hum... Acho que tô começando a entender.

Faço que sim com a cabeça.

— Mais ou menos isso.

— Esse é o relacionamento complicado? — insiste.

Reparo que ele também usa uma jaqueta de couro. Qual é meu problema com caras de jaqueta de couro? Daqui a pouco começarei a colocar nos aplicativos "Procuro homens com jaquetas de couro. Única exigência".

— É, esse é o relacionamento complicado — sussurro. — Diz, o que uma pessoa deve fazer quando tem uma amizade colorida e se envolve demais?

Eu, euzinha, pedindo conselho para um desconhecido no bar. A que ponto chegamos?

Desperto a curiosidade dele, que passa as mãos no cabelo cacheado, pensando na resposta.

Ele reflete por alguns segundos e diz:

— Acho que essa pessoa tá ferrada, né? Em amizade colorida sempre tem um que sente mais do que o outro e acaba estragando tudo. Por outro lado, acho que a melhor saída é dizer para a pessoa o que você sente. Ficar escondendo só piora tudo.

— E se essa pessoa tiver muito medo, mas muito medo meeeesmo, de dizer o que sente?

— Eu diria que ela é o tipo de garota que não precisa ter medo.

Ao dizer isso, ele dá uma piscadinha amigável para mim.

Sinto meu celular vibrar dentro da bolsa.

(00:21) Pedro: Branquela, gostou do show? Vem aqui pro camarim! Quero comemorar com você hoje! Gostou da última música? Treinei a semana toda para cantar para você.

(00:29) Pedro: Isa, estou te esperando. Algumas meninas vieram aqui tirar foto comigo. Muito doido isso! Vem logo!

(00:45) Pedro: Quem é esse cara?

Ah, não. Ele estava aqui o tempo todo?

Olho para os lados à procura dele e encontro os olhos azuis me fitando do outro lado do bar. Ele está sentado numa mesa enorme com a Giu, os caras da produção e duas mulheres — uma de cada lado da sua cadeira — que parecem não desgrudar os olhos dele.

Sorrio, meio sem saber o que fazer.

Ele sorri de volta.

Faço sinal de que preciso ir ao banheiro, ele pega o celular para me mandar algo.

(00:49) Pedro: Larga esse cara e vem logo.

— Vai lá, Isabela — diz Caíque, apontando a cabeça em direção a Pedro. — Tudo bem, foi um prazer te conhecer. Espero ter ajudado nos seus, hum, nos conflitos da sua amiga — diz, fazendo um joinha e se levantando para me acompanhar até o banheiro.

— Rá-Rá. Lógico que ajudou. E você? Fiquei falando igual a uma tagarela sobre mim e nem te perguntei qual é o seu problema. — Ele se mostra surpreso. — Relacionamentos complicados. Você disse — completo.

— Ah, isso! — exclama, dando um tapa na própria testa. — No momento só tenho a reclamar do meu *timing* errado. Queria ter te conhecido antes do príncipe dos olhos azuis lá — brinca.

Sorrio e dou de ombros para o Caíque, entrando no banheiro em seguida.

Seguro na pia e respiro fundo. Pego o batom vermelho para retocar. Nesse segundo, a porta se abre e Giu entra no banheiro com uma expressão de quem está prestes a travar uma batalha.

Seja lá o que for, não deve ser comigo, né? Continuo passando meu batom, bem tranquila.

Ela para do meu lado, com a respiração calma, e me observa dos pés à cabeça.

O que foi que fiz? Ai, ai. O que foi agora, hein?

— Quer batom? — pergunto, inocente.

Ela pisca os olhos calmamente.

— Não, obrigada. Na verdade, quero conversar — continua, ajeitando os longos cabelos escuros no espelho. — Olha, você sabe como é importante pensarmos em todos os aspectos da carreira do Pedro, certo? Eu, como produtora e a pessoa que cuida da imagem dele, penso em tudo. Já disse que ele tem que começar a ir a mais eventos, mostrar mais a cara na mídia, se apresentar pra pessoas importantes... Não adianta nada ficar enfurnado em casa com você. Mas tudo bem. Não posso obrigá-lo a fazer o que não quer. Mas você, Bela, se preocupa com ele, certo? — Concordo com a cabeça, sem saber o que dizer. — Então deveria começar a pensar em como atrapalha a vida profissional dele. Você viu aquelas duas meninas ao lado dele na mesa? São famosas, filhas de gente importante aqui de São Paulo, com muitos seguidores, vendem um estilo de vida. Seria perfeito se o Pedro se envolvesse com alguma delas, por exemplo. — Ela respira fundo. — O Pedro, pelo que sei, nunca foi de namorar e agora tá aí com você, nesse lance que ninguém entende. — Lance que ninguém entende. Lance que ninguém entende. É assim que as pessoas veem nosso relacionamento. — Se pelo menos ele te assumisse, amor, seria mais fácil. Poderíamos trabalhar a sua imagem, dar uma melhoradinha nesse lance de jornalista que acha que um dia vai ser escritora famosa. Mas nem isso. Vocês não namoram. Por isso, se você gosta mesmo dele, poderia fazer um favor, né? — Estou hipnotizada pelo que ela diz. Faço que sim com a cabeça, obediente. — Se afasta, cai fora. Com esses seus draminhas e problemas, você só tá atrapalhando alguém que tem o mundo pela frente.

Assinto de novo e saio desnorteada do banheiro, empurrando quem aparece na minha frente. Peraí, então é assim que as pessoas em torno do Pedro me veem? Alguém que só traz problemas? Alguém com quem ele tem um lance que ninguém entende? Uma menina que ele sequer assume como namorada? Alguém que está atrapalhando a carreira dele, deixando-o para trás em relação aos outros?

Giu sai atrás de mim e deixo o batom vermelho cair. Olho para ela, tento formar alguma frase, mas não sei o que dizer. A Giu é profissional, sabe o que fala. Não sei por quê, mas, mesmo relutando muito, acredito em todas as palavras que ela disse.

Não pode ser.

Volto para o salão sem nem olhar na cara dela, envergonhada, e paro, procurando por algum sinal do Pedro. O lugar onde ele estava sentado, agora vazio, me diz que devo encontrá-lo na área de fumantes.

Atropelo as pessoas sem nem pensar duas vezes e chego à área externa do bar. Lá está Pedro Miller, encostado à grade, segurando um cigarro apagado e dando uma gargalhada gostosa depois de escutar algo que uma das meninas disse. Eu me pergunto se ainda o conheço e se ele é a mesma pessoa que me encantou desde o primeiro momento. Óbvio que é. Não é? Tem que ser.

Segura o choro, menina. Vamos lá. Você consegue. Finge que sua melhor amiga está aqui do seu lado apertando sua mão.

Sinto duas mãos sobre meus ombros. Tremo de nervoso. Reconheço a camisa xadrez vermelha e o casaco de couro: é o Caíque novamente. Ele coloca um drinque na minha mão e me observa, curioso.

— Isabela, tá tudo bem? Você tá pálida. O que aconteceu? Tá com frio?

Ele procura em meu rosto algum sinal que o faça entender o porquê de eu estar agindo como se tivesse visto uma assombração.

— Caíque, eu...

Olho de novo para o Pedro, que ainda não me viu. Tento me lembrar de tudo que passamos, de tudo que ele disse para mim. Tento me apoiar em todos os momentos bons e em tudo o que sinto por ele. Mas se segurar sozinha é muito difícil.

As palavras da Giu não saem da minha cabeça. E se estou mesmo sendo um fardo? Estou atrapalhando a vida dele? Ele parece tão feliz, despreocupado... Por um momento, cheguei a pensar que eu era um dos motivos da sua felicidade. Mas se sou de fato, por que isso continua a ser um lance que ninguém entende?

Amizade colorida? Não vejo cor nenhuma nisso. É tudo preto e branco. Cinzento. Sem graça, sem forma, sem definição. Só um monte de dúvidas, medos e inseguranças. Quem é amigo colorido faz o quê? Ajuda o outro a colorir?

Eu nem gosto de colorir.

O problema é que sou assim: uma bomba-relógio. Vou guardando, guardando. Sorrio. Guardo mais um pouquinho. Dou mais um sorriso. Penso que vai ficar tudo bem. Assinto. Ah, vai, sim! Vai ficar tudo bem. Sorrio. Sei que vai. Mas e quando não fica tudo bem?

Explodo. Disparo meus pedaços por todos os lados, machucando a todos. E a mim mesma.

É por isso que, no momento em que sinto que o Pedro nota minha presença na área de fumantes, puxo o Caíque pela camisa vermelha, olho fundo em seus olhos e lhe dou um beijo demorado.

E ele, sem nada a perder, corresponde.

O livro de Isabela.doc

Sei que muitas vezes acabamos por associar a felicidade a alguém e a momentos bons que passamos junto com essa pessoa. Mas, se quer mesmo saber a verdade, nada na vida é insubstituível.

Nem você. Nem eu. Nem ele. Nem ela.

Quando mais nova, eu adorava inventar histórias para minhas Barbies. Colocava o nome da Barbie de Savannah, o do Ken de Ken — porque eu já tinha gastado a criatividade no nome da Barbie, né? —, e eles namoravam. Tudo lindo, muito legal. Mas, como sempre fui *drama queen*, por alguma reviravolta do destino eles tinham que se separar. Óbvio. Porque em toda boa história o casal principal se separa. E aí o Ken tentava tocar a vida. A Savannah também. O Ken começava a namorar outra Barbie — eu sempre colocava a mais feia para ser essa outra, ia me arriscar? A Savannah de vez em quando topava com os dois e o Ken sempre a observava enquanto pensava: "Nossa, como fui perder essa mulher incrível?"

Continuando o enredo da minha novela de Barbies...

O Ken percebia a mulher incrível que tinha perdido. Eu. Euzinha. A Savannah. Maravilhosa. Poderosa. A única. E vinha, arrependido, dizer coisas maravilhosas para mim. Nós voltávamos e percebíamos que éramos feitos um para o outro. Para sempre, eu e ele. Era emocionante, bem tocante mesmo, com certeza um enredo hollywoodiano.

O que se esqueceram de me contar — e que tive que aprender tomando na cara — é que, na vida real, o cara acha, sim, alguém tão incrível quanto você, se não mais. Os momentos bons vão continuar sendo apenas isto: momentos que sempre serão lembrados com carinho. Mas também não são insubstituíveis.

Tive bons momentos, inesquecíveis mesmo, com pessoas que nem conheço. Conto com o coração cheio de saudade.

Então, vamos aceitar que:

1) Não somos únicas na vida de ninguém.
2) Ninguém é único na nossa vida.
3) Você pode ter sido muito feliz com alguém.
4) Mas pode ser muito feliz com outra pessoa também.

Essas são as regrinhas básicas da aceitação.

É difícil, eu sei. Às vezes é irresistível entrar no perfil do ex-namorado na rede social, olhar para a namorada atual e pensar "Olha lá, tá tentando me substituir. Coitada. Nunca vai conseguir. Ela nunca vai fazer por ele o que fiz. Ela nem é tão bonita assim. Aposto que ele ainda pensa em mim quando tá com ela".

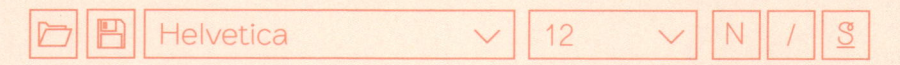

Melhorando sua vida em seis letras: S-U-P-E-R-A.

Supera esse medo de ver que a outra pessoa superou você. Supera essa mania de achar que, só porque você passou bons momentos ao lado de alguém, essa pessoa sempre será o motivo da sua felicidade. Supera essa mania de querer achar defeitos na atual do seu ex-namorado. Vê se supera também o medo e o ciúme da ex-namorada do seu atual. Supera a falta de coragem de seguir em frente. Supera a vontade de enviar uma mensagem para quem nunca responde. Supera esse lance de primeiro beijo, primeira vez. Para tudo há uma primeira vez, mas vai melhorando nas vezes seguintes, garanto. Supera essas fotos antigas que você ainda guarda no celular. Supera esse medo de substituir o passado com o presente. O presente é isto mesmo: um presente. Poder sempre começar de novo: tem coisa melhor do que isso? Supera esse apego a coisas que não fazem bem. Se foi bom um dia, agradeça. Se hoje faz mal, tira da sua vida. A vida é muito curta para se apegar ao que não faz você feliz. Supera esse medo de se decepcionar. Sente a dor, pois ela vai ensinar bastante. Supera essa desconfiança, esse medo, essa insegurança. Isso só afasta pessoas incríveis que querem estar ao seu lado. Supera essa mania de se criticar, de nunca se achar suficiente. Você é importante para o mundo exatamente como você é: sem precisar mudar por nada nem ninguém. Supera esse medo de dizer o que sente. Supera essa mania de querer controlar tudo. Às vezes, as coisas fogem do nosso controle e o melhor a fazer é se deixar bagunçar um pouco. Supera esse medo de amar. Supera essa ansiedade por amar. Supera o amor e se ama. O amor virá naturalmente depois disso. Garanto.

Isabela:
FIZ MERDA.

Amanda:
Novidade.

Isabela:
DESTA VEZ É SÉRIO, VOCÊ NÃO VAI ACREDITAR.

Amanda:
CONTA LOGO!

CAPÍTULO 8
Eu só queria alguém que ficasse. Estou cansada de pessoas que partem

"Você podia ter me avisado, branquela."

Fiquei repetindo essa mensagem a semana inteira em voz baixa. Claro, claro, todo mundo avisa quando está a um passo de surtar. "Oi, gente. Tudo bem? Tenho um pronunciamento. Vamos lá, quietinha aí, galera, é importante. Tô um pouco cansada de tudo, cansada da minha cara quando olho no espelho, do meu cabelo repartido no meio e do meu sofá que tem exatamente a cor da sujeira do apartamento. Cansei das minhas decisões e de ter sempre que decidir. Cansei de fazer tudo certo também, portanto, desculpa, preciso avisar: vou surtar. Cuidado, viu? É um surto besta, mas não deixa de ser um surto."

Argh! Como se isso fosse acontecer em alguma realidade paralela...

Não sei o que me irrita mais: o "você podia ter me avisado" ou o "branquela". Sei lá. Parece que, além de tudo, ele não está com raiva de mim. E eu queria que ele tivesse raiva de mim, lógico que eu queria. Beijei outro cara, certo? E, se ele se importasse comigo um tiquinho, isso iria incomodar. Mas não. Não, não.

Ainda sou a branquela.

Ele ainda bate na porta do meu apartamento e espera uns cinco minutos antes de se convencer de que não vou abrir.

Decidi que é melhor deixar para lá.

É nessas situações que percebo que, sim, depois de muitas decepções e muitos aprendizados, virei mulher. Lembro que, quando eu tinha dezesseis anos, todos os problemas pareciam o fim do mundo. Se meu paquera não olhava na minha cara durante a aula, eu já perdia a fome, o sono, a vontade de viver. Até meus seriados preferidos perdiam o sentido. Qualquer música virava trilha sonora do sofrimento, e o simples fato de o meu pai perguntar o que tinha acontecido me irritava. Besteira.

Não que eu tenha superado o que fiz com o Pedro. Só decidi que não vou me culpar (tanto) pelo que aconteceu. É melhor (tentar) enfrentar com maturidade, não é mesmo?

Tipo fugindo do Pedro nos corredores do prédio — sim, voltamos a essa estaca — e saindo com o Caíque de novo um dia após o meu show particular. E de novo no dia seguinte. E de novo no dia seguinte do dia seguinte. Também sou filha de Deus, né?

Fui uma completa idiota? Talvez. Estraguei minha amizade e meu possível-um-dia-futuro-relacionamento com o Pedro? Provavelmente. Estou procurando no Google uma forma de construir uma máquina do tempo? Com certeza. Ainda ando enfiando minha língua na boca do cara que causou tudo isso? Lógico que sim.

Qual é meu problema? Sério? Tive tantos relacionamentos em que não senti nem a metade do que sinto pelo Pedro e nunca fiz nada desse tipo.

Eu sabia, esse lance de se apaixonar é furada. Furadíssima. Eu, que mal tinha coragem de ficar com duas pessoas na mesma noite, sob os efeitos de uma paixão malcorrespondida, acabei ficando com outra pessoa na frente do cara de quem gosto. Palmas. Está certinha. Agora, sim, conquistou, hein? Ele está na sua. Vai fundo.

Como se não bastasse, decidi continuar essa "ficada" enquanto penso no outro e em como queria dizer umas verdades na cara dele.

Está explicado por que crimes passionais têm a pena reduzida: a pessoa apaixonada fica louca. Louquinha.

Caíque tinha conhecimento de toda a minha situação com o Pedro, o que torna as coisas um pouco mais malucas. Ele sempre entende quando gelo toda ao avistar uma pessoa de casaco de couro, como se tivesse visto um fantasma, e diz "Relaxa, não é ele". Não é bizarro? O cara que está ao seu lado saber que você fica toda gelada ao menor indício da presença de outro?

Estou dizendo: loucura.

Só esta semana saímos para jantar, fomos ao cinema e demos um passeio de carro sem rumo pela cidade. Não estou apaixonada nem nada do tipo, mas gosto dele. Não estamos namorando — nós nos conhecemos há três dias, qual é? —, apesar de eu ter quase certeza de que o ouvi me chamando de "amor" ontem ao telefone. Às vezes, eu me pego pensando se o Caíque também não está tentando esquecer alguém.

Para não dizer que minha vida anda completamente do avesso, uma boa notícia: consegui terminar meu livro. Não sei como me sinto em relação a isso. Quero que faça muito sucesso, afinal ser escritora é um sonho antigo. Um sonho infantil até. Mas duvido de que isso aconteça. Vender livros no Brasil não é fácil. Por mais que eu tenha algum reconhecimento na internet (continuo postando no blog, embora com menos frequência por falta de tempo), isso não quer dizer que as pessoas queiram saber um pouco mais sobre o que tenho a dizer num livro. É um tiro no escuro. Será que alguém vai se interessar pelas minhas loucuras? Quando aperto o botão e envio o e-mail com o arquivo do livro completo para minha editora, sinto um nó na garganta.

O futuro é uma página em branco, e, por mais que eu goste dessa possibilidade da página em branco, seria bom ter pelo menos uma frase escrita no canto da página.

Sei lá. Talvez "E se preencheu com um sorriso leve".

Mas ela não sorriu.

Eu não sorri.

Assim que envio o e-mail com o livro para a editora, o telefone toca e ouço a voz chorosa da minha mãe:

— Filha, o vô morreu.

Eu me lembro até hoje do dia em que minha mãe chegou em casa, colocou a bolsa em cima da mesa e me disse que meu avô estava com câncer de próstata. Eu, no auge dos meus dezoito anos, não entendi muito bem. Ele tinha câncer? Mas câncer não era aquela doença que matava? Ia ficar tudo bem? Meu Deus, mãe, o vô está bem? E ele estava. Sempre esteve bem. Até os últimos dias de vida, meu avô esteve bem. O sorriso nunca saiu do seu rosto, sabe? Nunquinha.

No início da doença, ele não corria risco, ou pelo menos achávamos que não. Este é um defeito do ser humano: negar. Acho que, por um bom tempo, nos recusamos a enxergar que meu avô tinha um problema sério. Ele continuou a vida normalmente, como se pudesse conviver com aquilo.

Foi indicada a remoção da próstata e ele fez a cirurgia. Sucesso: estava tudo dando certo. Fazia exames regularmente para ver se o câncer estava controlado, se não estava se espalhando. Até que um dia minha mãe me disse que o PCA do meu avô estava alto. Eu não sabia o que significava aquilo, mas não podia ser coisa boa.

Meus avós moravam em Recreio, Minas Gerais. Uma cidade do interior, muito bonitinha, por sinal, mas que mal tem hospital, menos ainda um hospital que trate uma doença como o câncer. Então, assim que meu avô precisou de um tratamento mais constante, ele e minha avó foram morar com a gente em Juiz de Fora. Eu adorava tê-los em casa. Era como ter mais um pai e mais uma mãe comigo.

Lembro que minha mãe saía cedinho pela manhã com meu avô e minha avó e voltava só à noite. Eles passavam o dia inteiro no Hospital do Câncer, aguardando o atendimento. Era de esperar que meu avô fosse se estressar, gritar ou mesmo se cansar disso tudo. Mas não. Ele saía de casa sorrindo e voltava sorrindo.

Até hoje não sei se meu avô deveria estar aqui neste mundo tão doido e perdido. Uma pessoa com um coração tão bom, que nunca desistia nem jogava suas frustrações em outras pessoas, certamente não era daqui. Era de outro planeta. Veio aqui para nos ensinar a ser mais como ele e menos como nós.

Eu mesma reclamo o dia inteiro. Reclamo do meu cabelo, da comida que fiz e não ficou tão boa, das coisas que não saem como planejei. E, caramba, isso é tão pequeno!

Eu via a luta que meu avô travava dia a dia pela própria vida. Eu sentia que ele estava se despedindo da gente aos poucos. Esse período em que ele e minha avó moraram lá em casa foi sagrado. Nunca tive a oportunidade de passar tanto tempo com meus avós, pelo fato de eles morarem em outra cidade. Por isso, pude ouvir mais uma vez suas histórias de quando era mais novo — ele se lembrava de tudo — e me apaixonar por aquela pessoa que tinha tanto a ensinar.

Não gostava muito de comentar com ninguém, mas eu me preocupava demais com ele. Sabia que estava cada dia mais fraco, devido ao tratamento intenso, e que o câncer estava se espalhando pelo corpo.

Quando ele tinha uma dor de cabeça, eu pensava se não era o câncer na cabeça. Se ele tinha uma dor muscular, eu já imaginava o câncer tomando os membros. Quando ele demorava a roncar, eu ia lá ver se ainda estava respirando. Queria protegê-lo, mas não sabia como. As únicas coisas que eu podia oferecer eram meu amor, meu carinho e minha atenção.

O pior de tudo é que eu sempre pensava: "Se sofro tanto vendo meu avô desse jeito, imagine minha mãe?" Minha mãe era uma filha se despedindo do pai aos poucos. Aquele homem que cuidou dela a vida inteira e sempre foi seu porto seguro, seu pai, precisava dela para cuidar dele e segurar as pontas. Levar de porta em porta, de médico em médico, de exame em exame. Ela trabalhava o dia inteiro e, depois, esperava na fila do hospital por um atendimento. E ela parecia tão forte, tão segura... Como minha mãe tinha se tornado corajosa! Não sei se um dia serei metade da mulher que ela é.

Se meu avô não conseguia mais descer as escadas direito e tinha que virar o corpo, andar de ladinho para ficar mais fácil, minha mãe brincava que ele parecia um papagaio — não me pergunte o porquê, juro que ainda tento imaginar um papagaio descendo uma escada. Se ele acordava sem disposição, ela dizia para ele parar de besteira e assistir a um pouquinho de *Malhação* (ele adorava) que tudo ia passar. Se ele se sentia depressivo e chorava, ou pensava em desistir, ela lhe lembrava da pessoa que ele era. Ela mostrava o lado bom em lutar mais um pouquinho.

E ele lutava.

Chegou um momento, porém, em que ele mal conseguia andar ou se locomover. A comida já não descia, parecia que ele tinha um nó na garganta. Até tomar banho estava difícil.

Minha avó não sabia mais o que fazer. Ficava em desespero, lutava contra o destino, tentava se segurar à pessoa que sempre tinha estado ao seu lado, desde os catorze anos. Imagine só a dor dela.

Meu avô começou a se sentir um fardo, a dizer que não estava mais "vivendo". Ele, que sempre foi uma pessoa ativa, um homem de oitenta anos que andava para todos os lados e consertava qualquer coisa em casa, que se sentava numa mesa de bar, bebia uma cervejinha e era o mais animado de todas as festas, começou a não ver mais graça em viver deitado numa cama. Ele sabia que sua luta estava próxima do fim e parecia pronto para o desfecho.

Quem não estava pronto, bem, éramos nós.

Não importam as condições, queremos que a pessoa querida continue viva. Nunca desejamos a morte. O que é isso, está doido? Queremos que ela continue aqui, com a gente. Feliz, triste, depressiva. Queremos aqui. Fica mais um pouquinho, por favor, luta mais um pouquinho. Preciso de você. Precisamos de você.

Só que isso é egoísmo, agora entendo.

Lutamos muito pela presença dele. Pedíamos que comesse mais uma colherada, mesmo ele dizendo que não conseguia. Dizíamos que as dores iriam passar, mesmo que o remédio já não fizesse mais efeito. Com dor, sofrendo, sem conseguir andar. Queríamos mais um pouquinho. Mais um mês, mais um dia, mais algumas horas.

...

Desligo o celular, um pouco atordoada, e tento pensar no que fazer.

E então grito, bem alto. Sem me importar muito em como isso pode parecer ridículo.

Está doendo. Dói muito. Como se alguém arrancasse parte por parte do meu corpo. Sinto meu peito apertar como se eu fosse parar de respirar. Penso na minha mãe perdendo o pai. Penso no meu pai perdendo seu parceiro e segundo pai. Penso no meu irmão perdendo seu avô companheiro. Penso na minha avó perdendo o amor da sua vida.

E aí vem a frustração por ser tão pequena, tão humana, e não poder mudar nada do que está acontecendo. Penso em como eu queria ter poderes para tirar a dor do coração das pessoas que amo e concentrá-la só no meu. Mas não posso fazer nada disso, e isso me deixa louca.

Começo a chorar. Caio de joelhos no chão, abraço minhas pernas e me entrego. Choro mais um pouco. Grito.

Meu celular toca: é meu irmão mandando mensagem.

(18:07) Bernardo: Isa, você está bem?

Meu irmão sempre é mais controlado do que eu. Ele presenciou a morte da nossa bisavó quando eu era pequena e sabe lidar com essas situações. Ele é racional, enquanto eu sou a sentimental.

(20:08) Isabela: Não consigo respirar, Bê. Não sei como vou ter forças para ir ao aeroporto. Me ajuda, sério.

(20:08) Bernardo: Calma, as coisas não se resolvem assim. Respira. Eu estou aqui, a gente vai conversando, ok?
(20:09) Isabela: Como está a mamãe? E o papai? E nossa avó? Onde eles estão?! Bernardo, e agora? E agora, Bernardo? O vô... O vô!
(20:09) Bernardo: O pai foi lá no hospital... Para colocar a roupa nele. Você sabe... Para... Nossa mãe não teve coragem de ir lá fazer isso.
(20:11) Bernardo: Isabela? Para de chorar. Calma. Olha, respira fundo, arruma uma mochila, chama um Uber e pede para ir até o aeroporto ou a rodoviária. Não sei se vai ter voo agora à noite, né? Mas, assim que você chegar a Juiz de Fora, vou buscar você e vamos direto para Recreio. Vou dirigindo. O enterro vai ser lá. Vai ficar tudo bem, vamos estar todos juntos, vou estar lá do seu lado.

O enterro. Enterro. Enterro do meu avô. Enterro do cara que me ensinou a sorrir sempre.

Grito mais uma vez.

Por que isso está acontecendo comigo? Não sou forte, não. Nunca fui. Começo a duvidar de tudo o que já passei e me sinto uma incapaz. De andar, de falar, de superar. Não vou conseguir. Não vou.

(20:12) Bernardo: Isabela, me responde, por favor! Me diz que você está bem e que está vindo para cá, arrumando suas coisas.

Tento responder. Faço toda a força do mundo para digitar uma mensagem madura, algo saído de uma mulher de 24 anos que sabe lidar com os problemas da vida. Cada letra digitada parece um esforço enorme. Estou em choque, sinto minha pressão baixar aos poucos e a sala desvanecer aos meus olhos.
Escuto um barulho na porta. Um rosto familiar. Alguém chama meu nome.
Só que não estou mais aqui.

Acordo e noto que estou deitada confortavelmente no meu sofá enquanto um vulto me observa, sentado ao meu lado. Tento distinguir a pessoa, mas a sala continua embaçada. Será o Caíque? Íamos nos encontrar hoje? Nem me lembro mais. Parece que foi ano passado que combinamos de tomar um sorvete depois do trabalho.
Aos poucos, volto a enxergar as formas do meu pequeno apartamento e a realidade que quero esquecer vem com tudo.
Olho de novo para o vulto.
— Branquela, tá acordada? — sussurra Pedro, acariciando meu rosto.
— Eu... Eu... Tô. Pê, eu, eu... Desmaiei? O que aconteceu? — pergunto, um pouco envergonhada com a situação. Isso nunca tinha acontecido comigo antes.

— Sim, quando entrei aqui você estava um pouco desnorteada. Não sei se me viu. Faz uns cinco minutos. Fiquei preocupado, Isa. Você ficou branca, sem cor.

Ele parece não saber o que fazer.

— Você sabe? Quero dizer, do meu... Do meu... — perco as palavras.

— Sim, sei. Seu irmão me ligou preocupado porque você parou de responder. Eu... Eu... — Ele tenta dizer algo, mas as palavras também não saem.

Então ele me abraça. Bem forte. Tão forte que sinto seu coração batendo acelerado junto ao meu.

Penso em como a gente se sente quando não pode fazer nada por quem gosta. Quero dizer, quando eu era mais nova, lembro-me de um amigo que perdeu o pai muito cedo. A única coisa que eu pensava era: como vou cumprimentá-lo? O que vou dizer? Um "sinto muito" não é o suficiente. Um "tô aqui por você" muito menos. Um "sei pelo que você tá passando" é muito falso. Cheguei à conclusão de que nada no mundo podia apagar do coração do outro a dor de perder alguém. Você só precisa estar ali. Estender a mão. Dar um abraço. Parece pequeno, mas é grandioso.

Perco a conta de quanto tempo Pedro e eu permanecemos abraçados, como se aquele abraço pudesse apagar tudo o que aconteceu ou me fazer esquecer tudo que ainda vem pela frente.

Quando nos soltamos, olho para ele com um sorriso no rosto.

— Obrigada, Pê. Eu... Você sabe... — engasgo um pouco antes de dizer. — Preciso de você.

Ele se assusta com minha sinceridade, sei disso. Respira fundo e fica quieto por um minuto. Nunca dissemos em voz alta o que sentimos um pelo outro, ou O QUE sentimos um pelo outro. Era algo que os dois sabiam (ou imaginavam), mas que nunca era dito assim: com todas as letras.

Como em "preciso de você".

Como se eu algum dia fosse admitir que precisava de alguém ao meu lado.

Nessas horas, porém, a gente não pensa no que falar nem tem medo de dizer o que sente. Só queremos nos agarrar a todo o amor que houver nesta vida. Queremos até ligar para nossos familiares mais distantes e declarar que eles são muito importantes para nós.

Queremos ficar bem quentinhos num abraço e não sair dali nunca mais.

— Tô aqui com você, branquela. Sempre.

Ele toca meu rosto com a ponta dos dedos e olha diretamente nos meus olhos. Ficamos alguns segundos assim, olhando-nos profundamente. Sem medo. Sem esconder nada. Sem desviar o olhar.

E aí eu sei.

Tenho certeza plena de tudo aquilo que eu vinha duvidando e negando para mim mesma.

Eu o amo.

Com todo o meu coração. Não adianta negar, não adianta arrumar outra pessoa para substituí-lo.

Seu toque me arrepia e seu olhar me conforta. Penso se este não é o momento certo para dizer isso a ele. Será que existe momento certo para isso? Não sei. Com tudo o que aconteceu, não sei. Não sei o que fazer.

Fico calada.

Ele se ajeita no sofá e abre a boca para dizer alguma coisa.

Vai, Pedro, diz. Você sente o mesmo que eu?

— Isa, eu...

Você o quê? Anda. Só preciso disso para conseguir lutar por você. Por favor.

Olho esperançosa na direção dele.

Ele se cala novamente, respira fundo e se levanta.

— Vou arrumar sua mochila, tá bem?

Agradeço com a cabeça e deixo algumas lágrimas escorrerem pelo rosto. Choro baixinho, enquanto o vejo arrumar a roupa preta que vou usar no enterro do meu avô.

Não consigo voo para Juiz de Fora e o Pedro se oferece para me levar de carro até Recreio. São as piores sete horas da minha vida. Só quero acabar com isso, sabe? Não sei como vou reagir ao encontrar minha mãe, o que dizer a ela. Vou abraçá-la? Chorar? Gritar? Segurar o choro para que ela se sinta melhor? Estou com medo. Assustada.

Ao chegar à pequena cidade dos meus avós, o ar está sombrio. Como num filme de terror. O longo caminho até a capela do cemitério me gela a espinha. Quero ir. Quero fugir. Quero dormir até que tudo acabe.

Passamos a noite toda velando o corpo do meu avô. Quando o vejo, sinto vontade de gritar, chorar. Acho que, na verdade, faço exatamente isso. Passados alguns minutos, vou acalmando meu coração e percebo que ele está com um semblante suave. Nem nesse momento ele perde a ternura.

Não consigo dormir. Acho que ninguém está conseguindo, na verdade. Esperamos a manhã chegar, pois o enterro será às onze.

É difícil definir as coisas, porque parece um sonho. Falo, mas não escuto uma palavra do que digo. Vejo minha avó chorando e a abraço sem dizer nada. Evito olhar para minha mãe, porque sei que, se nos olharmos, nós duas vamos desabar. Cumprimento um conhecido, mas não escuto nada do que ele me diz. Vejo meu avô e lembro que esta é a última vez. Então, pego o papel que fica na porta da capela (uma lista para que os presentes no enterro assinem presença), rasgo uma parte e escrevo uma carta para meu avô.
A última carta.
Porque quero que ele leve um pedacinho de mim com ele. Porque, quando não sei o que fazer, escrevo. Porque algumas coisas que nunca dizemos em voz alta precisam ser ditas. Ou escritas. Palavras se eternizam.
Dobro a carta cuidadosamente em quatro partes e a coloco nas mãos, agora frias, do meu avô.
Meu coração bate em paz.

Se você ama alguém, deixe-o partir.
E, nesse momento, eu deixo.

Nataly:
Partiu SP para a casa da nossa loira preferida? Hahaha

Amanda:
Estou de malas prontas. =D

CAPÍTULO 9

Não me acostumei a tê-lo. Parece que estou sempre perdendo você

Eis algumas novidades do momento: estamos no início de julho e, assim que entraram em férias na faculdade, as meninas resolveram passar uns dias em São Paulo comigo. Suspeito que para me alegrar, não sei. Se essa era mesmo a intenção, olha, posso afirmar que estão conseguindo. Ah, quando digo "as meninas" quero dizer Amanda e Nataly.

Sei o que você deve estar pensando: Amanda, japonesa, sua melhor-amiga-racional-com-os-pés-no-chão? Tudo bem. Mas NA-TA-LY?

Sim. Ela mesma. Minha prima-ex-vaca-e-ex-inimiga que ano passado teve um namorico com o Pedro, na época meu melhor amigo, atualmente... Ah, esquece. Acontece que a Nataly é uma boa pessoa, apesar de eu ter demorado a descobrir isso e ela ter demorado a demonstrar. Não sou de guardar rancor de coisas passadas e, bem, ela já superou toda a paixonite que teve pelo Pedro, coisa e tal. Ainda bem.

No momento, Nataly vira meu quarto, já tão desarrumado, de cabeça para baixo. Parece que, na opinião dela, até a barata que mora aqui no meu apartamento de São Paulo é diferente. Mereço?

— Prima, posso pegar essa sua saia da Zara emprestada? Me vestiu superbem.

Ok, ela não superou a mania de querer pegar as minhas coisas. Ninguém é perfeito. Está há meia hora revistando meu guarda-roupa, analisando cada pedacinho de pano. Sem brincadeira.

— Nataly, tira isso logo, vai? Não vou te emprestar, é nova. Nem usei ainda — respondo, revirando os olhos e arrumando a bagunça que ela fez pelo quarto depois de experimentar minhas roupas. Acho uma calcinha "bege da vovó" que uso com vestidos, para não marcar, jogada em cima da cama. Cogito perguntar que diabos ela estava fazendo experimentando essa minha calcinha horrorosa. Desisto logo em seguida. É melhor nem saber de certas coisas.

— Você não trouxe nada pra vestir, não? Eu, hein?!

Ela abre a boca em sinal de espanto e coloca as mãos na cintura.

— Mas as roupas de São Paulo são mais bonitas. Por faaaaavor...

— Empresta logo, Isabela. Senão ela vai fazer beicinho até amanhã — interrompe Amanda, entediada. — E depois não há preenchimento labial que salve, viu?

Nataly finge que não ouve.

— Tudo bem, mas só hoje, ok? — Dou uma piscadinha para Amanda, e Nataly comemora baixinho.

Eis a segunda novidade: o Bruno, meu amigo fofo da revista, está saindo com a Amanda. Juntei os dois. Fala aí: sou ou não a melhor amiga do mundo? Sim, eu sou.

Naquele dia em que amarelei na porta do show do Pedro e fui para casa, o Bruno esperou por nós duas a noite toda. Está bem, não sou a meeeeelhor amiga do mundo, confesso. Sou só legalzinha, já que esquecer o amigo num bar não é lá a melhor demonstração de afeto. Mas tudo bem, tudo legal.

Quando fomos buscar as meninas no aeroporto (Bruno fez questão de me acompanhar, e desconfio de que já tivesse más/boas intenções), os dois soltaram faíscas. Sei disso porque vi a Amanda se olhando no espelho e ajeitando o cabelo umas duas vezes. Coisa que ela nunca faz, a não ser, óbvio, quando está interessada em alguém.

No dia seguinte, eles combinaram de tomar um café, e desde então não param de mandar mensagens melosas um para o outro enquanto fazem planos.

Isso mesmo que você leu: em menos de uma semana, eles fazem planos. Do tipo "fazer um mochilão pela Europa".

Acho engraçado. Pensa comigo: a sentimental e louca sou eu. A racional e cética é a Amanda. Mas, sempre que está num relacionamento — ou num pseudorrelacionamento —, ela se joga de cabeça e diz o que sente. Faz planos. Sem noia. Sem medo de parecer louca e se sentir sozinha, seja lá o que estiver sentindo. Ela abandona o ceticismo, a racionalidade, e se permite.

E eu? Eu, que sempre choro com os desenhos da Disney. Eu, que me emociono com histórias de casais da vida real que permanecem juntos e companheiros até na hora da morte. Eu, que compartilho fotos de velhinhos de mãos dadas na internet.

Eu, que escuto Lifehouse e imagino meu casamento. Eu, que leio os livros da série A Seleção e penso "Cadê o Maxon da minha vida?". Eu, que imagino cenas perfeitas que poderiam acontecer na minha vida, mas que nunca acontecem porque não vivo num filme. Pois é. Eu.

Logo eu, que estou me mostrando uma bela de uma covarde que não consegue dizer aquelas três palavrinhas por medo de não ser correspondida. A que ponto chegamos?

Aí vem a terceira novidade: "desencanei" dos romances por um tempo. Não, não deixei de sentir o que sinto pelo Pedro. Um sentimento tão grande não se vai com tanta facilidade. Ainda me arrepio toda quando ele chega perto de mim ou faz alguma piadinha que envolva nós dois. Ainda penso em tudo que passamos e que eu gostaria que tivéssemos passado. Mas estou dando um tempo para meu coração e minha mente. Deixando que eles descansem um pouco, sabe?

Este ano foi tudo tão louco e emocionante... Larguei a faculdade. Vim para São Paulo. Arrumei um emprego totalmente diferente de tudo que já tinha feito na vida. Tive que aprender a lavar banheiro na marra — acho bem difícil, viu? Escrevi meu primeiro livro sem saber ao certo o que escrever e como expressar no papel tudo aquilo que eu sentia. Entendi o que é ser adulta, ter contas para pagar e depender somente de si mesma para fazer qualquer coisa. Aprendi a cozinhar, ou pelo menos tentei aprender. Percebi que a saudade da família é algo que nunca acaba, mas que nada como ter seu próprio cantinho e poder comprar um abajur roxo se der vontade. Fiquei cara a cara com a morte pela primeira vez e tive que me despedir do meu avô. Envolvi-me numa amizade colorida com meu melhor amigo, descobri que o amo e que amizades coloridas são um saco. Aprendi que nem sempre o Waze indica o melhor caminho e até já estou conhecendo alguns bairros de São Paulo. Aprendi a gostar de morar na rua Augusta e até troco algumas palavras nos corredores do prédio com meu vizinho astro pornô do andar de baixo. Acostumei-me com os muros pichados e aprendi a admirá-los. Percebi que posso cuidar de mim, mesmo que às vezes esqueça o secador ligado na tomada do banheiro.

E percebi que nem sempre somos cores.

Às vezes o que é cinza somos nós, não os dias.

Logo depois que voltei de Recreio, o Caíque tentou entrar em contato comigo mais algumas vezes pelo WhatsApp. Resolvi ser sincera.

Definitivamente, não estou preparada para um novo relacionamento.

Sei que muitas vezes pensamos que, ao sair de uma relação (acho que eu nem tinha entrado em uma), a melhor forma de passar por esse tempo de fossa é não ter tempo de fossa. Mas todos precisamos vivê-la, senti-la e, aos poucos, deixar que o outro saia da gente.

Não se pode expulsar alguém do coração. Ele sai aos pouquinhos, de mansinho, pisando devagar que é para você não perceber. É claro que o baque de não ter a pessoa ao seu lado todos os dias é sentido de imediato. Você sente o vazio.

Aquela sensação, porém, de que a pessoa vai aparecer na soleira da porta pedindo perdão continua. Aquela mania de checar todas as redes sociais de minuto em minuto para ver se ele seguiu em frente continua. Aquele gelo na barriga toda vez que abre suas mensagens e ele não está lá continua. A esperança de que tudo não tenha passado de um sonho continua. A sensação de vazio, de impotência, de questionar o que você tem de errado continua. Por pior que seja, é exatamente isso que você precisa sentir. Mas todas essas sensações, aos poucos, passam. E, quando passam, você pode seguir em frente.

Não adianta pular de um relacionamento para outro tentando suprir tudo aquilo que de repente faz falta. As pessoas nunca vão ser iguais, e ninguém merece ser seu brinquedinho para quando você estiver mal, precisando de um conforto. Sei que eu não gostaria de tapar o buraco de ninguém, portanto resolvi ser sincera a respeito dos meus sentimentos.

Esses dias estão sendo muito divertidos. Confesso que ter minhas amigas ao lado — céus, quando na vida pensei que fosse chamar minha prima de amiga? — me distrai um pouco da morte do meu avô e de todo o lance com o Pedro. Não que ele não esteja junto da gente o tempo todo, porque ele está. Mas coloquei na cabeça que é melhor assim. As coisas que a Giu disse no banheiro do bar-balada aquele dia ainda estão em minha mente. E se for mesmo melhor para o Pedro que eu me afaste? Uma hora esse sentimento vai embora.

É só deixá-lo ali, de ladinho.

Levamos as meninas para conhecer alguns pontos "turísticos" de São Paulo, como a Liberdade, um bairro japonês que vende tudo relacionado à cultura nipônica. Compramos vários doces diferentes, biscoitos, chocolates, balas, chicletes, snacks... Desconfio de que meu paladar seja muito ruim ou de que os japoneses não saibam o que é gostoso. Amanda morreu de rir quando quase vomitei um doce recheado de feijão, e o Pedro passou a noite inteira me ameaçando com a embalagem vazia, que eu não podia ver sem sentir ânsia de vômito de novo.

Fomos também à 25 de Março, a famosa rua de São Paulo em que se encontra qualquer coisa, a qualquer preço. Lá tem de tudo. De verdade. É incrível para quem tem paciência e sabe procurar o que quer. Nataly, como já esperávamos, ficou louca. Quis percorrer todas as lojas e, no fim, saiu emburrada porque não tinha comprado tanto quanto queria. Pedro, eu e Amanda nos divertimos, rindo da Nataly toda vez que ela não conseguia um desconto e saía esbaforida para a loja seguinte.

Hoje viemos fazer um piquenique no parque Ibirapuera.

O Ibirapuera é o parque urbano mais importante de São Paulo. Na época em que foi construído, em 1954, foi inspirado em outros parques, como o Central Park, de Nova York. Dá para imaginar a belezura, né? Ele é um pedacinho de natureza no coração da cidade, com diversas espécies de animais, árvores e alguns lagos. Conta também com algumas construções arquitetônicas, pista de corrida, ciclofaixa, bicicletário com aluguel de bicicleta, quadras, campos de futebol e até aparelhos de ginástica. Falamos tanto de alguns parques fora do Brasil que às vezes esquecemos que temos coisas igualmente incríveis bem debaixo do nosso nariz. Você pode fazer de tudo no "Ibira".

Amanda está deitada no colo do Bruno. Eles conversam animados enquanto apontam para os patos que nadam todos juntos, ao redor do lago que está bem à nossa frente. Nataly, distraída depois de comer freneticamente todos os cupcakes que compramos alegando estar na TPM, tenta achar alguém interessante no Tinder. Sei disso porque ela não para de passar o dedo na tela, olhando as fotos, impaciente por ninguém atender a seus requisitos. Já Pedro, sentado ao meu lado, dedilha no violão uma música que não conheço.

Abro um refrigerante, dou um gole e me viro para ele.

— O que você tá tocando, posso saber?

Ele olha para mim, como se já esperasse aquela interrupção. Joga o cabelo rebelde e preto para o lado, afastando-o da testa.

— Nada de mais. Só uma música que tô tentando compor há algumas semanas — desabafa.

— E qual o problema?

— Não consigo colocar em palavras o que sinto — diz. — Na verdade, não consigo colocar em palavras o que o cara da música sente. Essa música é sobre um cara e uma garota — completa.

Respiro fundo. Estava animada por enfim ter uma conversa a sós com ele.

Hoje é sábado, e desde segunda-feira, o dia em que as meninas chegaram, nós dois enfrentamos algumas dificuldades para ficar sozinhos, sem interferências. Quero dizer, eu trabalhava o dia inteiro e, quando chegava em casa, à noite, nós quatro sempre fazíamos alguma coisinha antes de dormir. Assistíamos a um filme ou seriado, jogávamos jogos de tabuleiro ou preparávamos o jantar juntos e conversávamos até que o sono chegasse. Senti em alguns momentos que o Pedro tentou ter uns minutos a sós comigo, mas sempre que isso acontecia Amanda aparecia falando alguma coisa sem sentido para atrapalhar.

Como na ocasião em que fui ao meu quarto pegar uma coberta para a Nataly, que não parava de reclamar que em minha quitinete fazia frio demais, e o Pedro me seguiu. Fiquei olhando com a coberta na mão para ele, que, com as mãos no bolso, parecia achar interessante a infiltração que tinha aparecido no teto do meu quarto. Quando ele finalmente abriu a boca para fazer uma piadinha ou dizer algo importante, a Amanda apareceu esbaforida fingindo que tinha que procurar alguma coisa na mala. Sei que era mentira e que ela só queria evitar que eu cometesse alguma loucura e fizesse mais besteiras do que já havia feito.

Apesar de a Amanda ser minha melhor amiga, não consegui lhe contar detalhes da minha conversa com a Giu. Não sei se foi por medo de que a Mandy concordasse com ela ou por vergonha de reproduzir em voz alta tudo que a Giu disse. Sei que fiquei quieta, e assim permaneço. É normal que minha melhor amiga ache que estou com a cabeça fora do lugar. Todos devem estar pensando isso, qual é?! Do nada, resolvi beijar um cara na frente do homem por quem eu estava bem apaixonada.

Rezo baixinho para que a Amanda não perceba esse momento íntimo nosso e não venha espantar uma abelha ou qualquer coisa assim para atrapalhar.

— Esse cara da música não sabe o que falar pra garota. É isso? — começo dizendo, tentando entrar no *brainstorm* com ele.

— É. Ele não sabe o que dizer porque nunca sentiu o que tá sentindo. É uma canção sobre não saber amar — responde Pedro, deixando o violão de lado e olhando no fundo dos meus olhos. — Como você coloca em palavras o que sente?

— Não penso antes de falar, quero dizer, antes de escrever — digo, espantada com a rapidez com que minha resposta sai.

Ele força um sorriso para mim, e a cicatriz na bochecha esquerda dele se retorce. Meu estômago retorce junto. Penso em colocar minhas mãos por cima das dele, mas temo o efeito que isso poderia causar em mim.

— Quer dizer que antes de falar você pensa, né? — insiste ele, olhando para o céu, que assumiu uma tonalidade rosada.

— Eu... Eu... Acho que sim, penso. Quero dizer, todo mundo, né? A gente não quer sair por aí falando besteiras. E tem também todo o lance do "preciso realmente falar sobre isso?" — Faço aspas com os dedinhos no ar e Pedro se diverte. — E, se for parar pra pensar, a gente não precisa falar sobre certos assuntos. São difíceis demais.

Do que estou falando? Por favor, alguém pode tapar minha boca? Amanda, sua hora chegou, menina. Vem aqui brilhar.

Pedro se cala por alguns segundos, pega minha mão esquerda com delicadeza e dá um beijo demorado nela.

— Já eu acho que precisamos falar, branquela.

Oi? Posso pedir ajuda para os universitários? É que todo esse lance de flertar é um pouco difícil para mim, mas flertar por enigmas torna tudo pior.

— Ainda estamos falando da música? — pergunto.

— Talvez a música seja exatamente sobre aquilo que estamos falando. Ou, no caso, sobre o que não estamos falando.

Abro a boca para responder. Ele espera, ansioso. Por alguns segundos me encho de coragem e penso em dizer tudo que está guardado no meu peito. Ele aperta minha mão, encorajando-me, e continuamos nos olhando, vidrados.

O cara e a garota.

Esperando que a música se faça no ar.

Amanda dá um gritinho e nos interrompe, dizendo que precisamos tirar uma foto para guardar de recordação antes que a luz do dia acabe. Olho de relance para Pedro, que sussurra baixinho sem que ninguém perceba: "Conversamos depois." Faço que sim com a cabeça, e ele me abraça para a foto.

Conversamos depois? Depois quando? Na segunda-feira ele começa ensaios diários para seu grande show no sábado que vem, aqui mesmo, em São Paulo. Pedro conseguiu a oportunidade de se apresentar no Citibank Hall, acredite. Para quem não conhece, o Citibank Hall é uma casa de shows com capacidade para 7 mil pessoas. É um lugar incrível onde já se apresentaram muitos nomes internacionais. Giu, óbvio, foi a pessoa que conseguiu essa oportunidade para ele. Como ele já tem um bom público nas redes sociais — está com 500 mil seguidores no Instagram —, os organizadores não tiveram problemas para arrumar patrocinadores e fazer desse show um grande evento. Vai ser a oportunidade de uma vida. Eles estão fazendo uma divulgação enorme, já escutei até na rádio. Torço muito pelo Pedro, sabe? Muito. Sei que esse será seu momento de glória. E, no fundo, penso se a tal da Giu não tem mesmo razão. Ela realmente pode fazer muito por ele. Está fazendo. Só o que me resta é cumprir minha parte.

    Solto do abraço dele devagarinho e forço um sorriso bem bonito para a foto.
    Clique.

O livro de
Isabela.doc

Livro de Isabela.doc

Você já foi rejeitada por alguém? Quis muito, muito mesmo, que uma pessoa ficasse ao seu lado, mas mesmo assim ela não correspondeu? Disse "eu te amo" e não escutou nada de volta? Chorou e esperou que a pessoa voltasse para perguntar o que aconteceu, mas, em vez disso, ela nem se virou para olhar para você uma última vez? Tentou, lutou e sangrou por amor para perceber que às vezes está sozinho nessa?

Com certeza.

Demora para aprendermos, mas, quando nos damos conta de que estamos sozinhos e de que sempre estaremos, mesmo acompanhados, somos mais felizes.

O problema é que gostamos de depositar todas as nossas fichas de felicidade numa pessoa. Opa, tenho cem fichas para ser feliz. Aposto todas no Roberto. Ele é minha única chance de ser feliz.

Não é.

Quando eu não sabia nada sobre o amor ou sobre o amor-próprio, cheguei a amar alguém mais do que a mim mesma. Como se ele fosse o único. Apostei todas as fichas, sem dó.

Lembro como se fosse hoje. Eu tinha o quê? Doze para treze anos?

Esse garoto era mais velho. Não era bonito, nem popular, nem simpático, nem nada. As meninas não caíam de amores por ele. Até hoje não sei o que vi nele. Talvez uma chance de quebrar a cara, sofrer, ter minha primeira decepção e falar sobre isso com orgulho hoje em dia.

Fato é que me apaixonei. Sei disso porque leio meus diários antigos e sinto uma vergonha imensa quando vejo que fazia uma carinha triste ao lado dos dias em que ele me esnobava, ou seja, todos.

Nossa história foi mais ou menos assim: eu era nova no colégio, notei que ele me observava muito no intervalo e acabei nutrindo uma paixonite por ele, que mandou um amigo me dizer que ele gostava de mim. Demos um selinho um dia no recreio, e me apaixonei mais.

Foi aí que conheci pela primeira vez o poder de virar a mesa que algumas pessoas têm. De um dia para outro, ele mandou um amigo falar comigo (sim, além de tudo era covarde) que ele tinha me visto ficando com um garoto da minha sala e que por isso não queria mais nada comigo. MEU DEUS! Como assim? Eu? Ficando com um garoto da minha sala? Eu nem sabia beijar direito, imagine se ia sair distribuindo beijos por aí.

Fiquei arrasada.

Eu me senti culpada, de verdade. Repensei todos os meus passos e me convenci de que, para que ele pensasse dessa forma, em algum momento eu devia ter abraçado algum amigo ou coisa assim na frente dele.

A verdade, porém, é que nada disso tinha acontecido, sabe? Ele apenas não me queria mais e eu não entendia a rejeição. Eu nem cogitava essa hipótese, na verdade.

Escrevi cartas e pedi que minhas amigas entregassem para ele, que sorria e as guardava no bolso. Eu escrevia no meu diário que ele devia me amar porque tinha colocado a carta no bolso. E que ele não queria ler na frente dos amigos porque, com certeza, iria chorar. Ele dava em cima de outras meninas e eu escrevia que ele fazia aquilo para me provocar. Eu tinha certeza! Era tudo um plano para mostrar que tinha me superado quando, na verdade, ainda pensava em mim. Os amigos dele vinham conversar comigo e eu sabia que era porque ele tinha pedido. É claro, ele queria saber como eu estava. Uma vez, ele chorou no intervalo segurando um papel na mão. Seria por causa de uma nota baixa? Claro que não. A prova era só para despistar, porque eu sabia que ele estava chorando de saudade de mim.

Se ele olhava para mim em um dos cinco dias de semana que passávamos na escola, eu já tinha certeza de que me amava e de que não olhava muito para mim porque não queria escancarar todo aquele amor. Se eu encontrava com os pais dele — meus pais conheciam os dele —, tinha a plena convicção de que eles sabiam que eu era, sim, a futura nora deles e de que só conversavam com meus pais por causa disso.

Isso durou um bom tempo, e quando digo bom tempo quero dizer quase um ano. Eu escrevia todos os dias no meu diário como era sofrido ver todo aquele amor que ele tinha por mim e que eu tinha por ele, como eu havia sido burra por jogar tudo fora quando não pensei em quem eu abraçava por aí. Eu era a culpada, óbvio.

Quando somos rejeitados, às vezes não percebemos de imediato. Às vezes a gente se ama tanto, se gosta tanto, que não acha justo o outro não perceber isso. Qual é?! Ele? Está me rejeitando? Mas sou incrível, olha só. Então criamos uma história que só existe na nossa cabeça. Se começou a namorar outra? Ah, está tentando me substituir. Casou com outra? Certeza de que subiu ao altar pensando em mim. Você é loira e agora ele está com uma morena? Aposto que resolveu namorar uma morena para não se lembrar de mim. Você é loira e ele está com outra loira? É para se lembrar de mim. Conseguimos converter tudo, absolutamente tudo o que a outra pessoa faz, em pontos para nós, mesmo que seja necessário o maior esforço.

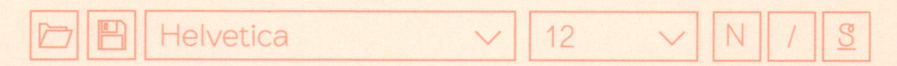

Queremos sair por cima, sempre. É normal do ser humano agir dessa forma.

Vai dizer que você nunca chegou para uma amiga que tomou um pé na bunda e disse: "Ah, quer saber? Você era demais para ele. Certeza de que te deu um pé na bunda porque não aguentou o tranco." Eu já disse isso milhares de vezes. Perdi até a conta. É um conforto, entende? Pensar que o outro terminou porque éramos boas demais. Ou pensar que ele terminou, mas ainda continua nos amando secretamente. É muito mais fácil do que dizer para sua melhor amiga: "Você tomou um pé na bunda porque ele não gostava mais de você e dava em cima de todo mundo que passava na frente dele." Céus! Que tipo de amiga faria isso, né?

Sei que a verdade dói, mas todos seremos rejeitados uma vez na vida. Ou vinte vezes. Ou cinquenta vezes. Por mais que a gente prefira negar, é normal ser rejeitado. Só em filme a mocinha se apaixona pelo cara no mesmo momento em que ele se apaixona por ela.

Aqui é vida real, alô? Às vezes o sininho que toca em cima da sua cabeça não toca na cabeça do outro. E aí, o que a gente faz?

    Aceita.

    Chora.

    E continua vivendo. Porque é normal se decepcionar. E, quando você aceita isso de cabeça erguida e peito aberto, fica mais fácil superar e partir para a próxima.

    Vai por mim.

Mãe:
Filha, vai bem bonita hoje, hein? Me manda foto da roupa.

Isabela:
Ai, mãe. Hahaha. Vou com aquele vestidinho coladinho de flor, que tal?

Mãe:
Para de bobeira, filha. Vai com seu terninho preto.

Isabela:
Prefiro o vestidinho, SÉRIO.

Mãe:
Isabela, não combina, deixa para usar ele em outra ocasião. Escuta sua mãe.

Isabela:
MÃE, ESTOU BRINCANDO! Já estou com o terninho preto. Te amo.

CAPÍTULO 10
Por que segurar quem está implorando para ir? Não faz sentido

Quem poderia imaginar? Eu, euzinha, Isabela, em São Paulo, numa festa de empresa em plena segunda-feira, junto com meus colegas de trabalho? Certamente não minha mãe, pois há alguns minutos ela enviou uma mensagem para se certificar de que eu estava me comportando bem, vestida de acordo com a ocasião e socializando. Revirei os olhos e respondi que estava, sim, tudo sob controle. Quero dizer, quase tudo, porque esta é a terceira taça de champanhe que tomo em menos de uma hora e meu terninho preto está um pouco amassado, porque até hoje não sei qual é a mágica que faz a roupa ficar passadinha.

Estamos na festa de encerramento do semestre da revista *Zureta* e estou comemorando em dobro. Esta semana, na sexta-feira, para ser mais precisa, acontecerá minha primeira noite de autógrafos numa livraria. Sim. Sim! Meu livro, meu li-vro, que es-cre-vi, está em pré-venda.

Pré-venda significa que ele já está disponível para vendas on-line e que, a partir de sexta-feira, estará também em todas as livrarias do país. Dá para acreditar? É lógico que não. Pior ainda: daqui a quatro dias darei meu primeiro autógrafo. E eu nem sequer planejei minha assinatura.

Até o momento as pessoas confirmadas para meu lançamento são:

1. Amanda e Nataly, que ainda ocupam meu apartamento e não parecem nem um pouco dispostas a voltar para Juiz de Fora antes do fim das férias.

2. Meus pais e meu irmão, que estão até com as passagens compradas.

3. Bruno, Karen e senhor Bigodes.

4. Pedro, claro.

5. É. Talvez eu convide também o ator pornô do andar de baixo para o lançamento. Vai quê, né? Não aparece ninguém, coisa e tal. Ele pode fazer uma presença.

Brincadeiras à parte, alguns leitores que me acompanham on-line se manifestaram e disseram que vão ao evento me prestigiar. Vi até pessoas postando nas redes sociais que já compraram meu livro na pré-venda e só estão aguardando a chegada do exemplar pelo correio.

Peraí, eu disse meu livro?

Isso não pode ser real. Vai ser difícil eu me acostumar, viu?

Sinto-me feliz e grata por tudo que conquistei este ano. Adoro a empresa em que trabalho, sinto muito orgulho por fazer parte de uma equipe tão legal quanto a da *Zureta*. Estou aprendendo muito com eles e, óbvio, também lhes passo alguns dos meus conhecimentos. Acredita que eles até hoje achavam que era tendência chamar os homens de gatos? Toda vez que vejo um "Conheça o gato do momento nesta entrevista exclusiva" tenho a plena certeza de que um unicórnio morre de ataque do coração no mundo das fadas. Eu, hein?! Tendência de onde, isso?

— Gostando da festa? — Senhor Bigodes se aproxima, de braços dados com uma senhora elegante, vestida num terninho branco, muito bem passado (ao contrário do meu), com enormes pérolas brancas nas orelhas e no pescoço.

— Claro, senhor Mário. Tá maravilhosa. Gostei ainda mais porque vocês acataram minha ideia dos cupcakes. — Indico com a cabeça a mesa ao lado, na qual cupcakes decorados com a capa da revista do mês estão espetados em cima dos exemplares.

— Você sempre tem ótimas ideias, menina Isabela — diz ele, dando um sorriso bondoso em minha direção. — Deixe-me apresentar: esta aqui é Margarete, minha esposa.

Cumprimento Margarete, que lança um sorriso rápido em minha direção. Ela parece um pouco tímida.

— Esta é a escritora que mencionei pra você, Margarete. Ela vai lançar o primeiro livro sexta-feira agora. Como chama mesmo? — brinca ele, que sabe quanto odeio quando confundem o título do meu livro.

Dou uma risada.

— Vocês dois estão convidados. Vai ser uma honra. Tô com um pouco de medo de que não apareça ninguém. E se der tudo errado? E se não vender nenhum exemplar? Meu Deus, e se a editora se tocar de que o livro é muito ruim e quiser cancelar tudo? E aí? O que vou fazer?

Margarete se diverte e, com calma, põe as mãos sobre meus ombros.

— Querida, já deu certo. — Já? Onde, que não estou vendo? — Você conseguiu o que muitos não conseguem: realizar o sonho de escrever um livro e publicá-lo. E eu apostaria um rim no sucesso dele. Porque, quando fazemos aquilo de que gostamos, somos os melhores. Mesmo que não saibamos disso — completa.

Oi? Peraí? Quer dizer que, além de ter toda a responsabilidade de vender livros, coisa e tal, honrar minha família, comer o pão que o diabo amassou todos esses meses em que quebrei a cabeça escrevendo meu livro, ainda estou arriscando o rim da esposa do meu chefe?

Estou perdida.

É isso.

Vendo a confusão na minha cabeça, senhor Bigodes encerra a conversa dizendo que vai ficar tudo bem e se encaminha para falar com um grupinho de executivos próximos a nós.

A festa acontecia no The Dutch, um restaurante antigo de São Paulo, de culinária holandesa, que acho que é o preferido do senhor Bigodes. Ou da Margarete, já que ela parece ser do tipo que gosta de comida holandesa, sabe? Refinada, coisa e tal.

Eles fecharam o restaurante para a festa da *Zureta*. As mesas foram retiradas e, em seu lugar, foram postos sofás brancos, pequenas mesas e pufes coloridos com as cores da revista (laranja e roxo) por todos os lados para as pessoas se sentarem. Há uma mesa de guloseimas, barman, DJ e até um *backdrop* com os patrocinadores da revista para tirarmos fotos. Um luxo, eu diria.

Viro mais uma taça de champanhe e circulo pela festa cumprimentando meus colegas.

Estou trocando ideia com a Ana, a colunista de moda, quando o Bruno me puxa de lado e me tira do meio dos meus colegas.

— Isa, o Pedro tá lá fora e quer conversar com você. — Olho para o Bruno como que perguntando: "Isso não podia esperar?" — Ele disse que é urgente — completa.

Sem pensar duas vezes, corro para a porta do restaurante.

Urgente? O que poderia ser urgente? Alô? Estou no meio de uma coisa aqui.

Chego à entrada do restaurante, agora quase vazio, e Pedro Miller está sentado, de cabeça baixa, numa das poltronas.

Ele não nota minha presença.

— Pê? O que aconteceu? Tô no meio da festa da *Zureta*, você sabe. Isso não pode esperar mesmo? — Tento não gaguejar.

O fato é que estou nervosa.

Ele levanta a cabeça e olha para a direção oposta à minha.

— Desculpa, Isa, não pode. Assim que fiquei sabendo, eu, eu... Senti que precisava vir aqui te falar — diz ele, ainda sem olhar para mim. — É que não vou poder ir ao lançamento do seu livro sexta-feira.

Sento-me ao lado dele, tentando quebrar o gelo entre nós. É uma brincadeira, certo? Só pode ser. Pedro sabe como esse dia será importante para mim. Sabe quanto precisarei do apoio moral das pessoas que amo num momento tão único da minha carreira. Sabe como estou ansiosa, como já planejei a roupa que vou usar e como treinei meu sorriso para fotos no espelho lá de casa.

Ele sabe.

Resolvo entrar na brincadeira.

— Ah, sério? — Dou um soco de brincadeira no ombro dele. — Por quêêêêêê, hein?

— Isa, é sério. Não tô brincando. Não vou poder ir mesmo. — Pedro se levanta e olha nos meus olhos, com uma expressão séria, sem esboçar nenhum sorriso.

— Se não é uma brincadeira, então por quê, Pedro Miller? — indago, ríspida. — Só isso que quero saber. Por quê? E por que vir aqui estragar minha noite com isso? Se você não quer ir à merda do meu lançamento, não vá — berro, cruzando os braços.

— Não é isso, Isa — diz ele, seco.

— Não é? — interrompo. — Então o que é?

Ele balança a cabeça, revira os olhos e segura meus ombros.

— Isa, vê se escuta antes de brigar comigo, ok? A Giu disse que teve um problema com o Citibank, não entendi direito, mas parece que o show não vai poder mais acontecer no sábado, e ela teve que remarcar de última hora para sexta-feira. Não posso perder essa oportunidade, você sabe disso. E vai ser no mesmo horário do seu lançamento. Tentei conversar, pedir que fosse na semana que vem, mas ela bateu o pé e disse que o show tinha que ser feito nesta sexta-feira. Desculpa, eu...

— A Giu? A GIU FEZ ISSO? — pergunto, um pouco mais alto do que eu gostaria. Neste momento agradeço por não ter nenhum funcionário do restaurante na entrada. — Rá. É brincadeira, só pode ser.

Ela fez de propósito. Caiu a ficha, sabe? Entendi o que deveria ter entendido há muito tempo. Como pude ser tão ingênua?

Percebo que aquela atitude "nobre" comigo não passou de um golpe baixo. Quero dizer, sei que ela é uma das melhores produtoras do Brasil e que quer o melhor para o Pedro, pois sua renda mensal depende disso. Mas aquele papinho de que eu estava atrapalhando a carreira dele com o nosso "lance"? De que ele deveria ter uma namorada famosa, blá-blá-blá? O que foi aquilo? Ainda acreditei. Idiota. Burra. Mil vezes burra. Cadê as pretendentes do Pedro? E meu afastamento? Não ganhei pontos por isso? Ela precisava colocar o show dele no mesmo horário do meu lançamento? Será que não posso fazer parte da vida dele de forma alguma? Nem que seja só um pouquinho?

Eu deveria ter percebido que ela queria me tirar de jogo de qualquer forma. Eu ajudando ou não. Sendo o melhor para o Pedro ou não. Deveria ter percebido que ela não ia parar até que eu fosse a amiga esquecida da adolescência do Pedro e ele seguisse com seus novos amigos famosos para o topo do mundo.

Ando de um lado para outro, nervosa. Os pés doem por causa do salto, mas não me importo.

— Pedro, preciso te falar uma coisa... — engasgo nas palavras, respiro fundo e continuo. — A Giu, aquele dia, aquele dia... No bar, no show... No Skull Bar... Eu... — Ele segura minhas mãos, o semblante preocupado. — Ela me encontrou no banheiro logo depois do show, eu estava passando batom e ofereci a ela, porque mulheres dividem o batom no banheiro. Mas ela... Ela disse algumas coisas. Disse que eu estava te atrapalhando e que eu... Nosso lance, o que tínhamos, não era boa publicidade pra você, sabe? Disse que você tinha que ficar com aquelas garotas lindas que estavam com você na mesa, porque, bem, elas eram famosas, e... Eu acreditei, Pê. Pensei que ela, como uma das produtoras mais bem-sucedidas do Brasil, soubesse o que era melhor pra você, por isso eu... — Ele solta minhas mãos, como se estivessem dando choque. Sua boca se abre, em espanto. — Agora, dizendo tudo isso em voz alta, me sinto uma completa idiota por não ter contado antes ou ter duvidado de você. Ou...

— Duvidado de mim? — esbraveja ele, com raiva. — Em algum momento você duvidou de mim, Isabela?

Suas palavras rasgam meu peito. Eu me sinto péssima com tudo isso.

— Duvidei — digo, envergonhada de mim mesma. — Desculpa, Pê, sei que não deveria. Eu também não deveria ter beijado o Caíque logo depois, quero dizer, eu não sabia o que estava fazendo. Reagi da pior forma, eu...

— VOCÊ BEIJOU AQUELE CARA POR CAUSA DISSO? — grita, com os olhos arregalados de raiva.

Ele anda em círculos na pequena recepção, passando a mão no cabelo, bufando. Fico um pouco assustada. Nunca vi o Pedro desse jeito.

— Você só pode estar de brincadeira com a minha cara, Isabela. Na boa. Tudo que vivemos este ano... Tudo. Como você pôde jogar fora assim? Desse jeito? Porque uma produtora idiota te disse um monte de BESTEIRAS? Você deveria confiar mais em mim e no que sinto por você. Isso não é o suficiente?

Não, não é. Confiar em alguém não é algo fácil. Ajuda quando sabemos exatamente o que a outra pessoa sente por nós.

Acontece que não sei, né? Nunca soube.

Você nunca disse, bonitinho.

— PEDRO, SE TOCA! Óbvio que não é o suficiente. Sempre fomos melhores amigos, mas um relacionamento, algo que você não conhece muito bem, é completamente diferente — provoco. — Você precisa passar segurança pra outra pessoa, senão ela enlouquece e qualquer sementinha do mal vira uma árvore com frutos. Foi o que aconteceu com a Giu. Eu estava feliz com você, de verdade, mas ela plantou uma dúvida e me fez acreditar que eu estava atrapalhando. Posso ter sido uma idiota? Posso. Mas se você tivesse me dito, ao menos UMA VEZ, o que sentia por mim, talvez eu tivesse passado por cima de tudo isso com um sorriso nos lábios. Mas não sou assim. NÃO SOU. Esse lance de amizade colorida nunca deveria ter começado, pra falar a verdade.

Pedro me olha, confuso.

— Achei que você quisesse isso.

— Não, eu não queria. Pensei em te dizer isso várias vezes, mas não sabia como. Porque sei que é assim que você gosta de levar as coisas: sem muito compromisso — digo, dando de ombros.

— Ah, Isabela, não vem. Nesse tempo todo em que ficamos juntos não fiquei com nenhuma outra garota. Só com você. Tive oportunidade de ficar com meninas lindas que a Giu me apresentou, mas não quis. Era só você. O tempo todo — retruca ele, todo orgulhoso.

— Uau. — Bato palmas, irônica. Estou explodindo de raiva. Sério. Já não me importo se as pessoas da festa conseguem ouvir nossa discussão. — Parabéns por não ter ficado com as meninas lindas que a Giu te apresentou. Quer um prêmio por isso?

— E você quer um prêmio por ter beijado aquele babaca na minha frente?

— Você deve estar arrependido de não ter feito o mesmo comigo, né? — continuo provocando, pois eu já tinha perdido todo o limite. — Afinal, Pedro Miller sempre parte o coração das pessoas, não é mesmo?

— Não, eu não partiria o coração da mulher que amo — diz ele, seco.

Sinto o soco no estômago. Tudo o que eu queria ouvir há meses, dito dessa forma...

— Fico feliz por essa mulher. Porque meu coração tá em pedaços há meses esperando por algum sinal seu, Pedro — rebato.

Assim que termino a frase, saio andando de volta para a festa sem olhar para trás. Ele tenta falar alguma coisa, mas não escuto.

As lágrimas descem descontroladas pelo meu rosto, e não tento contê-las.

O amor às vezes é uma bosta.

Pedro:
Então é isso, né?

Isabela:
É, acho que sim.

Pedro:
Se cuida aí =)

Isabela:
Se cuida você também =)

Pedro:
Digitando...

CAPÍTULO 11
Não deixe para lá quem você quer que fique para sempre

A fila da livraria onde vai acontecer minha noite de autógrafos está enorme. Tão grande que me informaram que os últimos estão do lado de fora, ocupando o corredor do shopping. Não consigo acreditar. Essas pessoas vieram aqui para me ver? Mentira. Meu pai deve ter contratado essa galera. Não é possível. Ou devem estar distribuindo sorvete na porta da livraria. Ei, por que não pensei nisso antes?

Depois de apenas duas semanas de pré-venda, meu livro apareceu nas listas dos mais vendidos em todo o país. Sabe quando você se sente feliz por algo que não sabe ao certo o que é? Então, é assim que estou me sentindo.

Ontem mesmo recebi um e-mail da minha editora dando os parabéns e dizendo como a equipe está feliz com a proporção que a divulgação do livro está tomando. Mas a todo momento acho que isso não está acontecendo comigo, sabe? Só pode ser um engano, sei lá. Meu livro nem é tão bom assim. Ou é?

Respiro, inspiro, solto o ar, repito o processo. Tento me distrair e acalmar a respiração ofegante. Estamos num dos corredores internos do shopping, usado somente para o transporte de mercadorias para as lojas. Estamos esperando o relógio dar 19 horas para poder entrar na livraria.

Minhas pernas tremem e, por duas vezes, sinto vontade de vomitar. Amanda e Bruno seguram minhas mãos, Nataly penteia meu cabelo pela milésima vez e meu pai confere de minuto em minuto se já não está na hora de irmos para a mesa de autógrafos. Minha mãe me olha orgulhosa, como se tivesse imaginado essa cena 1 milhão de vezes na cabeça e como se em nenhuma delas o momento fosse tão incrível assim.

18h55.

Meu estômago revira mais um pouco.

— Gente, acho que não vou conseguir. É sério. Vamos embora. Vamos fugir — digo, desesperada.

Todo mundo me olha espantado por um momento e cai na risada logo em seguida.

— Filha, você vai tirar de letra, fica tranquila. — Meu pai tenta me acalmar, coloca as mãos nos meus ombros e dá um sorriso encorajador.

Sei que ele também está nervoso. Todos estamos.

A gerente da loja aparece por uma frestinha que conecta o corredor com a porta dos fundos da livraria e diz que é a hora de entrar.

18h59.

Ouço gritos vindos lá de dentro. Muitos gritos.

Olho para meus pais, que estão com lágrimas nos olhos, e, envolvida por todo esse amor, empurro a porta e entro na livraria.

O barulho é ensurdecedor. Caramba. De onde saíram todas estas pessoas? Ei, isso são seguranças em volta de mim? Para quê? Nem sou famosa.

E essas pessoas? Elas estão gritando... Isabela?! Não pode ser. Devo estar louca. Ou sonhando. É, estou sonhando.

Tremo da cabeça aos pés, mas tento parecer firme e sorrir para as fotos das muitas câmeras apontadas para mim. Seguro as lágrimas e, com o canto dos olhos, percebo que meus pais e meus amigos tentam fazer o mesmo.

Emocionante.

Se eu pudesse usar apenas uma palavra para descrever este momento, escolheria essa.

Sento-me à mesa de autógrafos e olho para a primeira da fila: uma menina na casa dos dezesseis anos está me aguardando. Com um vestido de bolinhas, sapatinhos de boneca e abraçando meu livro como se fosse a coisa mais preciosa que ela tem. Chora ao me ver. Gente, por quê? Será que está passando mal, com dor de barriga ou algo do tipo?

O segurança dá um ok com a cabeça e ela se aproxima, nervosa, me dá um abraço apertado e desata a falar.

— Isa, eu amo você. Hoje é o melhor dia da minha vida, nem acredito que tô te conhecendo! Sou muito sua fã! Amei seu livro! Já li todinho e tô esperando o próximo! Ele me ajudou demais!

Fã? Oi? Só pode ser brincadeira.

Olho para ela, maravilhada, ainda sem entender muito bem o que estou fazendo aqui ou o que ela está dizendo. Tenho vontade de chorar de emoção. É tão bom ver seu trabalho sendo reconhecido desta forma... Mas não é possível.

Belisco o braço sem que ninguém veja e chamo a segunda da fila.

É real.

Estou aqui.

Isso realmente está acontecendo comigo.

O *Filme da Isabela* está saindo da imaginação para se tornar realidade.

São mais de trezentos autógrafos, mas muito mais de trezentas pessoas já passaram pela livraria, curiosas com o que está acontecendo aqui. Afinal, quem é essa autora desconhecida que arrasta uma multidão de pessoas para uma livraria numa sexta-feira à noite?

Até eu quero saber.

O tempo passa tão rápido que, quando encaro o último da fila, com um sorriso no rosto, tenho a certeza de que aguentaria muito mais tempo autografando meus livros, conhecendo pessoas incríveis que me trazem amor em forma de abraços, palavras e, algumas vezes, lágrimas de emoção. Talvez dias, semanas. Eu poderia passar toda a minha vida aqui, neste momento, pois com certeza é o mais feliz de toda a minha vida.

Eu me despeço do garoto, o último da fila, e agradeço sua presença.

Consegui. Consegui. Minha primeira noite de autógrafos foi um sucesso.

Corro para abraçar meus pais.

— Pai, mãe, nossa, vocês acreditam? Meu Deus! O que foi isso? Não tô acreditando até agora. Caramba! — exclamo, feliz, enquanto agarro minha mãe com força.

— Foi de mais, filha. Você é nosso orgulho. Parabéns! — diz minha mãe, com lágrimas nos olhos.

Olho para meu pai, ansiosa por ouvir o que ele tem a dizer.

— Fiquei nervoso demais no início da sessão de autógrafos, imagino você. Parabéns pela sua conquista. Isso foi só o começo. Tenho certeza. Seu livro é muito bom.

— Ei! Vocês já leram? — Olho para eles, espantada.

Essa eu não sabia.

— Claro que já, pirralha — Bernardo se intromete. — Tirou isso tudo do Google, é? Duvido que você saiba escrever bem assim.

— Ai, Bernardo, você é ridículo! — Sorrio.

Irmãos. Se não vieram à Terra para nos irritar, vieram para quê?

— Tô brincando. Parabéns! Eu sempre soube que você tinha um parafuso a menos. Ou a mais. Vai saber? — diz ele, bagunçando meu cabelo.

— Cadê a Mandy, a Nataly e o Bruno? — pergunto a eles.

— Foram comprar algo pra comer. Devem estar de volta a qualquer minuto — responde meu irmão, dando de ombros.

— Isabela, desculpe incomodar... — interrompe a gerente da loja, puxando-me para um canto. — Mas tem uma pessoa que chegou agora, disse que quer muito seu autógrafo e uma foto com você. Será que tem fôlego pra atender mais um? — pergunta ela, sorrindo sem graça por pedir isso.

— Óbvio que sim. Vamos lá.

Volto para a mesa de autógrafos e me sento. Procuro a tal pessoa que está me esperando.

Ué, cadê?

Será que desistiu?

Quando ameaço me levantar, ele sai de trás de uma pilastra, com meu livro nas mãos e um sorriso estampado no rosto.

Pedro Miller.

Sem pensar muito, corro na direção dele e lhe dou um abraço apertado.

— Pedro, desculpa, eu... — digo, tentando, em vão, procurar palavras para consertar a bagunça que foi nossa última conversa, sem saber muito bem o que dizer.

Nossos rostos estão a centímetros de distância.

— Shhhh... — Ele tapa minha boca com os dedos, de forma delicada. — Não precisa pedir desculpas — diz, baixinho. — Nós dois erramos, falamos coisas que não deveriam ser ditas. Esquece, Isa. Vamos esquecer.

Ele respira fundo, nervoso, ansioso.

— Pedro, e seu show? — Olho para ele à procura do violão ou de algum sinal de que tivesse saído de um show recentemente. — Você foi? O que aconteceu?

Ele me encara, sério.

— Isa, demiti a Giu, não teve show nenhum. Fiz isso na segunda-feira, logo depois da nossa briga. — Olho cética para ele. — Ela é uma ótima profissional, mas a forma como invadiu minha vida pessoal, sem ao menos perguntar o que eu queria, foi além de qualquer limite. Quero ser famoso, ter uma carreira de sucesso, mas não a esse preço. — Abro a boca para argumentar. — Eu sei, eu sei. Não estive com você todos esses dias que precisou de mim, me desculpe. — "Eu não ia falar sobre isso, mas tudo bem. Você poderia, sim, ter me dado uns beijinhos nesse meio-tempo", penso. — Eu estava com raiva, até a ideia de olhar pra você de novo me assusta. — Paro, assustada. Droga. Estraguei tudo, não é? Eu sabia. O *Filme da Isabela* estava bom demais para ser verdade. — Percebi que me assustava mais ainda a ideia de não poder olhar pra você de novo. — Ele segura meu queixo e continua. — Por isso vim pra cá e fiquei te observando autografar desde a primeira pessoa da fila.

O quê? Como assim? Ele estava aqui o tempo todo? Até na hora que, sem querer, derrubei um copo d'água em cima do vestido floral, provavelmente novo, da esposa do senhor Bigodes? Ai. Que. Vergonha.

— Você é a mulher que eu amo, que sempre amei. Minha melhor amiga, a pessoa que sempre esteve comigo e a única pessoa que me fez acreditar que eu era bom em alguma coisa. — Céus! Vou vomitar de nervoso. Alguém me ajuda aqui? — Doeu ouvir da sua boca que eu tinha te deixado triste ou com dúvidas sobre meus sentimentos nesse tempo todo em que estivemos juntos. Pra mim, era tão óbvio que eu não precisava falar, entende?

Ai, ai, aquarianos. Por quê? Por que um aquariano?

— Pê, eu também nunca te disse o que sentia. Tenho uma parcela de culpa nisso. Deixei de dizer uma porção de coisas, como o lance de não querer uma amizade colorida — digo, envergonhada, sem olhar para ele. — A Mandy me disse na época e é verdade: eu me importo demais pra conseguir levar isso numa boa. — Olho para ele. — Você tá acostumado, eu não...

Ele dá aquela risada gostosa que tem o poder de descontrair qualquer ambiente.

— Eu? Acostumado? Soquei tanto a parede lá de casa naquele dia que você beijou aquele cara na minha frente que minha mão ficou até machucada.

— Olha só, Pedro Miller com ciúme — implico.

— Olha só, Isabela Freitas escritora. — Ele olha para meu livro, orgulhoso. — Parabéns, branquela! Eu sempre soube que você poderia ser o que quisesse.

— Ah, é? E o que quero ser no momento? — provoco mais um pouco.

— Além de escritora? — indaga ele. Confirmo com a cabeça. — Acho que você quer ser minha namorada — diz bem baixinho, no meu ouvido, fazendo-me ficar toda arrepiada.

— Eu te amo, Pedro Miller — declaro, dando beijinhos na sua boca, devagar.

— Eu deveria acreditar? Não era você a pessoa que se apaixonava todos os dias? — brinca ele, repetindo as palavras da nossa conversa naquele dia na escada e fingindo não querer mais me abraçar.

Claro. Se não fizesse uma piada sobre um assunto sério não seria ele.

— E não era você a pessoa que nunca tinha se apaixonado? — completo, cruzando os braços.

— Eu te amo, branquela. Muito.

Ele me puxa bem forte pela nuca e me beija apressado. Não podemos perder mais tempo do que já desperdiçamos. Nosso beijo tem gosto de saudade e aquela vontade de fazer durar para sempre.

Quando paramos, sorrio de canto a canto e digo:

— Pedro Miller, meu namorado... Tô ferrada mesmo, né?

Ele pisca para mim e os olhos azuis brilham como nunca brilharam antes.

Pisco de volta, ainda com o sorriso nos lábios.

Neste momento, tenho certeza de que sou a garota mais feliz de todo o mundo.

EPÍLOGO

Aos que duvidam de mim e me fazem querer ser cada vez melhor

Isabela Freitas
Não se apega, não

Editora Âmago

CAPÍTULO 1

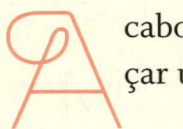

Acabou. *The end*. Fim. Deve ser engraçado começar uma história pelo final, eu imagino.

O JEITO QUE ELA SORRIA PRA MIM

Letra e música: Pedro Miller

(para Branquela)

Fumando meu cigarro
Encostado no muro pichado da minha antiga escola
Sem pretensão nenhuma
Inseguro e desacreditado
Eu só precisava de algo
Que me fizesse esquecer
Como era ruim não ter nada para esquecer
Eu disse: tem fogo?
E ela desmoronou

Um jeito só dela
Deve ser o olhar que não encara
A forma de sentir logo de cara
Ou o jeito que ela sorria
Sorria
Sorria
Sorria pra mim

Insistiu que eu deveria acreditar no amor
Mas o que é o amor
Se não apenas algo para acreditarmos?
Ela é daquelas que se entregam
Eu sou daqueles que ficam só um pouco
Mas quando dei por mim
Não queria mais ir

Um jeito só dela
Deve ser o olhar que não encara
A forma de sentir logo de cara
Ou o jeito que ela sorria
Sorria
Sorria
Sorria pra mim

Cada vez que você chorava
Eu queria dizer que eu faria muito melhor
Sempre se apaixonando por caras
Que sequer sabiam que você tem medo de palhaços
Lê histórias de trás pra frente
E gosta de olhar para as estrelas
Cada vez que você desmoronava
Eu queria poder colar cada pedaço
Porque eu sabia exatamente sua forma
Cada vez que eu sorri
Querendo te beijar
Cada vez que eu fui
Querendo ficar

Um jeito só dela
Deve ser o olhar que não encara
A forma de sentir logo de cara
Ou o jeito que ela sorria
Sorria
Sorria
Sorria pra mim
Só pra mim...

agradecimentos

Aos meus leitores, que foram muito pacientes em esperar que esta história fosse escrita. Todos os dias eu acordava, abria o computador e lia as mensagens inspiradoras que vocês me enviavam: "Postou foto nova nas redes sociais. E o livro?", "Fazendo almoço? Vai escrever o livro", "Respirando? Para quê? Cadê o livro?". Saber que meus livros causam esse tipo de euforia é extremamente gratificante. De verdade. Amo vocês, seus loucos.

À minha editora, Livia de Almeida, que me acompanha há tanto tempo que já me faltam palavras para agradecer.

A Jorge Oakim, que nunca apareceu nos agradecimentos, mas deveria ter aparecido antes. Jorge, obrigada por acreditar em mim e nas minhas histórias, sempre me ligar para dar boas notícias e fazer com que eu me sinta em casa na Intrínseca.

Ao meu pai, Paulo André Freitas, e à minha mãe, Regina Dias Ribeiro Freitas. Vocês não existem. Fico emocionada quando me lembro de vocês dois saindo, com uma mochilinha nas costas, de uma sessão de autógrafos minha após viajarem por sete horas e terem que ir embora logo depois para não perderem o horário do último ônibus. Fico emocionada quando me lembro de todas as vezes que me acompanharam, se emocionaram, ficaram sentadinhos em cadeiras duras — isso quando havia cadeiras —, esperando que eu autografasse quinhentos, seiscentos, oitocentos livros. Obrigada por se orgulharem de mim, por torcerem por mim. Vocês são meus fãs número um. Sempre foram. Desde a época em que eu não era o destaque no balé mas vocês achavam que eu era.

À minha irmã, Marcella Ribeiro Freitas, que está se tornando uma mulher incrível e, apesar de mais nova, vai ser sempre a pessoa a quem procuro quando estou triste. É que ela tem essa capacidade de nos fazer sorrir sem igual.

A Manoel Carlos, Maneco, meu padrinho, por ter entrado numa livraria, sem pretensões, e se interessado pela capa do meu primeiro livro; ter lido a contracapa e achado genial; ter ido atrás de mim e me mostrado que posso mais; acreditar no meu potencial como escritora, levar o *Não se apega, não* para a Rede Globo e por tê-lo transformado em minissérie; mostrar para mim que, além de suas Helenas, no seu coração também há espaço para uma Isabela; e por me deixar apaixonada assim tão rápido, como se fosse da minha família.

A todos que acabaram este livro e já estão à espera da continuação. Calma, vai dar tudo certo. Prometo escrever bem rápido.

1ª edição	NOVEMBRO DE 2016
reimpressão	MAIO DE 2021
impressão	BARTIRA
papel de miolo	PÓLEN SOFT 70G/M²
papel de capa	CARTÃO SUPREMO ALTA ALVURA 250G/M²
tipografia	WHITMAN E BROWNSTONE